Haffmans' Helfende Hand-Bibliothek

CHRISTOF STÄHLIN

DER DANDY UND ANDERE

MONOLOGE UND ERZÄHLUNGEN

HAFFMANS VERLAG

DIESE ERSTAUSGABE ERSCHEINT
NACH FREUNDLICHER ÜBEREINKUNFT
MIT DEM NOMEN + OMEN VERLAG
IN TÜBINGEN.

HAND-ZEICHNUNGEN VON
DOROTHEE V. HARSDORF

1.–4. TAUSEND, HERBST 1986

SATZ: JUNG, LAHNAU
HERSTELLUNG: BENZIGER, EINSIEDELN
ISBN 3 251 00086 1

Inhalt

Das römische Badezimmer

VOR einigen Jahren folgte ich der Einladung eines Freundes, über Weihnachten und Neujahr zu ihm in seine römische Wohnung zu kommen. Dort war es dann sehr voll, denn er hat die Angewohnheit, Leute einzuladen, die er sympathisch findet, und da war ich nicht der einzige. So suchte ich mir ein Quartier für mich alleine, weil ich arbeiten wollte.

Ich fand es durch Vermittlung eines italienischen Bekannten meines Freundes. Seinem Vater war als einem Beamten vom Staat eine Wohnung für seinen Ruhestand zur Verfügung gestellt worden, den er aber noch nicht angetreten hatte, so daß die Wohnung leerstand und nur gelegentlich als Absteige benutzt wurde.

Es regnete dauernd. Die Wohnung lag im ersten Stock eines Sozialwohnungs-Hochhauses, weit draußen vor Rom in einer Siedlung auf dem flachen Lande, was dort Campagna heißt. Meine erste Beschäftigung war, auf der Klo-Brille zu stehen, durch ein schießschartenartiges Fenster in den Regen auf das Land hinauszuschauen und mir vorzustellen, ich wäre in der Ukraine.

Die Küche war mit einem Gasherd und dieser mit einer Flamme von vierzehn Strahlen ausgerüstet, jede davon mit orangenem Kern und frühlingshimmelblauem Mantel, der sich nach außen in eine flackernde Zunge verlor, die sich unter leichtem Zischen an einer schwer festzulegenden Stelle mit dem umgebenden Luftraum vereinigte. Neben dem Herd stand ein Tisch mit einer Resopalbeschichtung in Grau, jedoch von dunkelgrünen feinen Fäden durchzogen. Diese verliefen etwas unregelmäßig, jedoch zielstrebig wie etwa Pflugspuren, parallel kreuz und quer, so daß lauter kleine Quadrate und Rechtecke entstanden, in die man Schachbretterchen einzeichnen konnte. Nicht so sehr mit dem Kugelschreiber, als mit dem Filzstift, damit allerdings ging es so ausgezeichnet, daß gegen Ende meines Aufenthaltes der ganze

Tisch mit Schachbrettern übersät war. Die Beine des Tisches, aus unpoliertem Hartholz, verjüngten sich nach unten bis etwa auf die Hälfte ihres größten Querschnittes und waren, schräg in alle vier Himmelsrichtungen ausgestellt, oben in Blöcke eingelassen, die in eine Preßspanplatte verschraubt waren, worauf wiederum das Resopal ruhte.

Darauf stand ein Tiegel aus Aluminium, unten bis auf eine kleine Standfläche bauchig abgerundet, mit vielen Beulen, in deren Vertiefungen ein schwarzer Belag, den man mit Hilfe von Stahlwolle zu entfernen versucht hatte, mitsamt den Kratzspuren noch deutlich zu erkennen war. Am oberen Rand waren zwei halbkreisförmige Henkel angenietet. Die vordere rechte Niete war lose. Sie zwischen Daumen und Zeigefinger spielen zu lassen, vermittelte mir ein interessantes Gefühl von metaphysischer Zartheit.

In diesem Tiegel nun erhitzte ich Wasser, aber nicht bis zum Kochen. Ich finde es, zumindest für kleinere Töpfe, unschicklich, wenn das Wasser in ihnen in Aufruhr gerät. Wenn das Wasser dagegen siedet, das heißt, wenn bei noch völlig ruhiger Oberfläche die Bläschen von unten aufsteigen, ist mir das ein Gegenstand gespannter Aufmerksamkeit. Ich brachte es dabei so weit, daß ich bald jedes einzelne Bläschen mit Vornamen kannte und eines von ihnen begrüßen konnte als das gleiche, das mir einmal in der Bahnhofswirtschaft von Hanau bei Frankfurt aus einem Bierglas aufgestiegen war. Die Welt ist klein.

Das siedende Wasser nun vermengte ich mit Pulverkaffee zu einem Getränk. Der bunte Aufdruck der zylinderförmigen Glasdose, den ich aufmerksam studierte, belehrte mich, daß dieser Kaffee im »Filterfrio«-Verfahren hergestellt sei, dessen mich auch für meine eigene literarische Produktion bald zu bedienen ich bei dieser Gelegenheit beschloß.

Eine weitere Attraktion war das Schlafzimmer, das mit einem amerikanischen Klappbett für seine Bestimmung zur Verfügung stand. Darauf lag eine Mohairwolldecke mit grün-rotem Würfelmuster. Nun ist zwar die Mohairwolle für ihre Weichheit und Geschmeidigkeit bekannt, aber auch für ihre besonders langen Fasern, und in einem sonderbaren Widerspruch zur Weichheit des Gesamten steht die Sprödigkeit und Härte der einzelnen Wollfaser. Es kratzte. Dies kann ich an den Armen wohl, nicht aber am Rumpf vertragen, und so mußte ich mich mit einem T-Shirt schützen, habe darin allerdings, mit meiner aufgerollten Hose als Kopfkissen, recht erfrischend geschlafen. So bestand meine Unterhaltung aus Kaffeetrinken und Schlafen, aber dazwischen trat notwendigerweise etwas Drittes:

Die meiste Zeit verbrachte ich im Badezimmer. Gleich vom Eingang her konnte ich sehen, daß die Badewanne auf Löwenfüßchen stand. Diese waren mit türkisfarbener Ölfarbe so bestrichen, daß die Pinselborsten eine fellartige Struktur hinterlassen hatten, die mir, wenn ich mit den Fingerspitzen darüberstrich, bei geschlossenen Augen, zu einer interessanten Afrika-Illusion verhalf.

Die Wanne war im Inneren weiß emailliert, aber unter dem Einlaufhahn hatte das Wasser eine Tropfspur von Kupferoxyd hinterlassen, in Giftgrün, das sich als ein dünner Streifen die Wannenwand hinunterzog und immer unscheinbarer wurde, bis es sich schließlich in der Talsohle, kaum mehr kenntlich, mit einer rostbraunen Ablaufspur vereinigte. Dieses Giftgrün trat nun in einen erregenden Kontrast mit dem Türkis der Löwenfüßchen, es biß sich. Ein Schauspiel, in dessen Genuß man aber nur von der Tür aus gelangen konnte, so daß ich jeweils fast nicht zum Baden gekommen wäre.

Doch schließlich in der Wanne liegend, entdeckte ich über mir einen Boiler, riesenhaft und walzenförmig, der seiner Länge nach unter der Decke befestigt war, mit weißem Ölanstrich, der jedoch ins Pergamentfarbene nachgedunkelt war, bisweilen gar ins Honiggelbe changierend. Durch die hohe Luftfeuchtigkeit im Raume – ein Badezimmer hat stellenweise über 100 %! – hatte sich der Anstrich von vielen

Punkten aus gelöst und triangelförmig nach hinten aufgerollt, wodurch lauter kleine Dreiecke der mennigroten Grundierungsfarbe zum Vorschein kamen, die in unterschiedlicher Größe und Orientierung geschmackvoll über die gesamte Oberfläche des gewaltigen Rundkörpers verteilt waren.

Und dort, wo die Zitzen an der Sau sitzen, jedoch nicht zweireihig wie bei dieser, sondern bloß einreihig, saß unten am Boiler eine Reihe von Kondenswassertropfen. Dadurch nun, daß das Gerät durch die italienischen Installateure nicht absolut korrekt in der Horizontalen montiert worden war, ergab sich für die Tropfen eine schiefe Bahn, an der sie ganz langsam abwärts wanderten. So konnte es passieren, daß ein Tropfen auf der eingefahrenen Bahn seines Vorgängers schneller als dieser abglitt und ihn einholte, um mit ihm einen Doppeltropfen zu bilden, der dann, kraft seines Gewichtes, rasch einen dritten einholte und sich mit ihm zu einem Supertropfen vereinigte, welcher schließlich der Adhäsionskraft trotzte, der Schwerkraft nachgab und zu mir ins Badewasser herunterfiel: ein kleiner Besuch, eine Erfrischung.

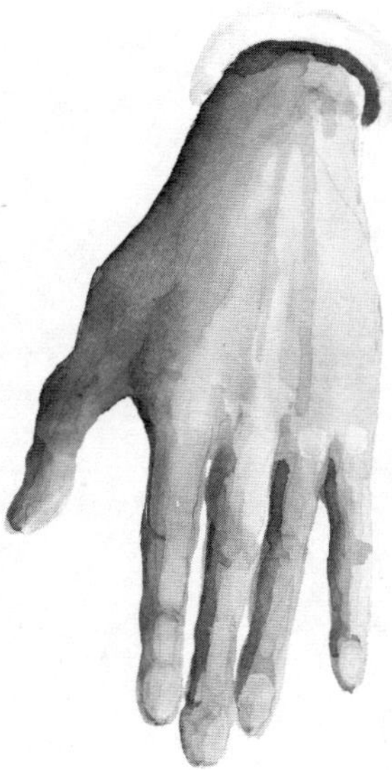

Der Dandy

GUTEN Abend. Meier. Meier, der letzte Dandy. Verwechseln Sie mich nicht mit einem jener Dandies aus dem vergangenen Jahrhundert, die sich nachmittags gegen halb sechs von ihrem Diener wecken ließen, um ein Glas Portwein zu frühstükken und einen Freund in die Oper abzuholen – einen Freund, der sich kürzlich bei dem Versuch, etwas ernst zu nehmen, eine Zwerchfellreizung zugezogen hat und nun dringend gelangweilt werden muß.

Nein, die goldenen Zeiten des Dandytums sind vorbei. Einen Diener, der mich weckt, hätte ich übrigens gerne. Aber es wäre mir auf die Dauer unerträglich, einen Diener zu haben – ich würde ihn zu sehr beneiden. Ich hatte vielmehr meinerseits immer den Wunsch, Butler zu werden. Aber bei dem Gedanken, wie anstrengend es sein müßte, jahraus, jahrein ein Gefühl der Herablassung meinem Herrn gegenüber zu unterdrücken, bin ich von dieser reizvollen Vorstellung wieder abgekommen, und nunmehr, ohne Herr und ohne Diener, besorge ich meine Garderobe selbst. Ein Bekleidungsstil, der sich der Schlichtheit verpflichtet fühlt. Schlichtheit, nicht zu dick aufgetragen.

Ich lebe am Rande einer kleinen Stadt – eine Universität steht zur Verfügung –, stehe morgens gegen halb zehn Uhr auf, frühstücke und lese die Tageszeitung, die allerdings nicht weniger als mindestens eine Woche alt und etwas angegilbt sein sollte – das allzu Aktuelle ist mir erst nach einem gewissen Reifungsprozeß bekömmlich –, und besorge dann langsam mein Mittagessen, etwas wie Kartoffeln mit Spinat und Spiegeleiern, schon wegen der außerordentlich befriedigenden Farbkontraste.

Ich nehme es aus einem sorgfältig zusammengewürfelten Geschirr zu mir, alleine übrigens. Meine Freundin hat mich verlassen, zugunsten eines jüngeren Mannes, mit dem sie eine Art körperlicher Abhängigkeit verbindet. Nun, und nachdem die Zeitläufe mich gelehrt haben, zu allen Abhängigen dieser Welt ein Gefühl warmherziger Verbundenheit zu unterhalten, besuche ich die beiden ab und zu, lasse mich wohl auch zu einem Abendessen einladen, einem Abendessen, das unter großem Aufwand an exotischem Gewürz den Eindruck vermeiden möchte, ein deutsches Abendessen zu sein.

Zu Hause wieder findet man mich vor dem Fernsehschirm – jeweils nur für drei Minuten, die ich benötige, um mich aufs neue von der Anschaulichkeit dieses Mediums zu überzeugen –, und dann erbaue ich mich durch Musik, wobei mir wiederum nicht alles bekömmlich ist. Ich muß sagen, ich finde den Versuch von Komponisten wie Beethoven, mir die Übermacht ihrer Gefühle symphonisch aufdrängen zu wollen, höchst befremdlich und halte mich an die glasklaren Labyrinthe der Stimmführung in der Musik von Johann Sebastian Bach. Hi-Fi- und Stereo-Anlagen erscheinen mir dabei entbehrlich. Ich muß sagen, ich habe erst gestern wieder die Matthäus-Passion gelesen und mich gefragt, welchem Orchester dieser Welt, welchem Klangkörper, ja welchem Körper überhaupt es gestattet sein könnte, die Schönheit meiner Imaginationen durch platte Realitäten überflügeln zu wollen. Von solchen und ähnlichen Gedanken einigermaßen befriedigt, schlafe ich dann langsam ein.

Zu meiner Fortbewegung bediene ich mich eines unauffälligen Autos der unteren Mittelklasse, meistens auf der rechten Spur der Autobahn, um meinen Gedanken besser nachhängen zu können. Aber es kommt vor, daß ich einen Lastwagen überhole. Nicht wegen der Geschwindigkeit, sondern wegen des Geruchs. Nunmehr auf der linken Spur, habe ich vor mir eine Kolonne von meinesgleichen, was mich nie gestört hat. Ich finde den Versuch, ja allein schon den Wunsch, sich von der Masse abheben zu wollen, grenzenlos vulgär. Dann kommt aber von hinten ein Mercedes, ein

BMW oder einer jener Golf GTI, die es neuerdings auch niederen Einkommenschichten gestatten, sich durch Höchstgeschwindigkeiten auf der Autobahn zu entfalten, und sticht mir von hinten mit seinen Halogenscheinwerfern ins Genick. Selbst unter eigener Gefährdung weiche ich willig nach rechts aus und flüstere ihm nach: »Wohl bekomm's, mein kleiner Machiavelli!«

Dieser Drang nach oben, dieser Drang nach vorne! Merkt denn niemand, daß der Weg nach oben in der Bundesrepublik mit Gemeinplätzen nur so gepflastert ist? Ein deutscher Mann, der es zu etwas bringt, entwickelt sich mit mathematischer Zwangsläufigkeit zunächst zum Feinschmecker, dann zum Antiquitätensammler und schließlich zum Frauenkenner. Der Zweitwagen, die Zweitwohnung und dann, wenn ihnen ihre vielleicht etwas füllig gewordenen, aber doch herzensguten Gattinnen nicht mehr gut genug sind, die Geliebte.

Dabei soll man solche Köstlichkeiten wie die Villa im Tessin oder die Yacht in Saint-Trop' nicht leichtfertig verachten! Was sollte der einfache Mann denken, der zeit seines Lebens nichts anderes gelernt hat, als sich nach dergleichen zu strecken! Ich habe mich sogar schon mit dem Gedanken getragen, mir ein paar geschmackvolle Antiquitäten zuzulegen, um die ehrgeizigeren unter meinen Besuchern nicht um das Gefühl des Neides zu betrügen, das sie doch zu ihrem Weg nach oben so dringend zu benötigen scheinen.

Und manchmal dann – selten genug – sitze ich auf der Terrasse eines französischen Landschlößchens, vor mir das glitzernde Meer, neben mir zwei blühende Oleanderbäumchen, lege meine Patiencen und denke mir: »Schau, schau! Diese derben Genüsse der niedern Klassen haben doch durchaus auch ihre reizvollen Seiten!« Dann stelle ich mir wohl auch vor, neben mir läge eine jener Frauen mit hohen Backenknochen und kalten Augen, Frauen, wie sie für die Wunschträume unserer Oberklasse – ich möchte sagen, unserer Oberkläßler – eine so markante Rolle spielen. Freue mich dann aber ihrer Abwesenheit und meiner Einsamkeit, indem ich mich frage: »Wozu brauchst du eine attraktive Frau, wenn du dir auch eine unattraktive leisten kannst?«

Sich über die Massen erheben zu wollen und möglichst vielen das Gesetz der eigenen Willenskraft aufzuprägen: Wo diese Leidenschaft herkommen mag? Sie ist mir noch fremder als die Jagdleidenschaft. Und ich werde den Verdacht nicht los, das alles gehe zurück auf einen gewissen Mangel an Selbstachtung. Und ich bin der tiefen Überzeugung, daß durch Mangel an Selbstachtung wesentlich mehr an Hunger, Elend, Angst, Krieg, Folter und Unterdrückung in die Welt gekommen ist als durch wahren Stolz.

Sehen Sie zum Beispiel diesen Adolf Hitler aus Braunau am Inn, der sich selber zutiefst als unzulänglich, als Mickerling hat empfinden müssen, aber bei seinem Weg nach oben, in das Zentrum der Macht, nach Berlin, mitansah, wie Gegenstände seiner ganzen Verehrung – ich bitte Sie: Schauspielerinnen, Bankiers, Großbürger, Geistliche, ja sogar Adlige! – ihm zu Füßen lagen. Und was ihn zu wahren Orgien von Weltverachtung hingerissen hat, war, daß die Welt es vor ihm, dem kleinen Adolf Hitler aus Braunau, tat. Und was wäre Weltverachtung anderes als Selbstverachtung? Wäre er in Braunau geblieben, als Kleingärtner und Sonntagsmaler, wir hätten ihn geschätzt, vielleicht sogar geliebt, falls er jemals zu unserer Kenntnis gelangt wäre, etwa als Protagonist eines Heimatromans. So aber mußte er in die Weltgeschichte eingehen – als eine gigantische Unappetitlichkeit.

Nun, der Wunsch zu herrschen ist in unseren demokratischen Zeiten vielleicht nicht mehr so ausgeprägt. Aber Herr sein will man doch. Und das Herrentum, früher in die Machtzentren der Höfe eingekapselt, scheint sich nach deren Öffnung als eine seltsame dünne Soße über das ganze Volk ergossen zu haben, um Abertausende kleiner Herren sprießen zu lassen: die Bohne heißt »Prinzeß«, die Kartoffel heißt »Herzogin«, der Hosenträger heißt »Privileg«, das Rasierwasser heißt »Prestige«, der Sekt heißt »Fürst«, und der Kühlschrank heißt »Monarch«. Das hausbackene Lebensgefühl unserer rechtschaffenen Republik droht in einem Abgrund von Vornehmheit zu versinken:

»Der kleine Oliver von Leistenbrinks hat heute Blue Lady trockenreiten dürfen.«

»Nein, Frau Doppelnam-Bindstrich ist bereits zu Tisch.«

»Wünschen Sie zu speisen? Bitte, Platz zu nehmen!«

Ich will mich noch immer setzen, wenn ich Hunger habe und essen möchte.

»Wer gerne frankophil ißt, dem seien etwa die Fasanenbrüstchen Elsässer Art, in Gewürztraminerkraut gedünstet und ganz besonders delikat, empfohlen ... Und beim Sekt spielt schon heute der extra herbe Adam eine dominierende Rolle.«

»Und wenn man dann den fünften Gang eingelegt hat und den sanften Druck der roten Lederpolster im Rücken spürt, sieht man die preiswertere Konkurrenz im Rückspiegel rasch kleiner werden.«

O Wolfram Siebeck! Wir brauchen keine Herren mehr, auch dann nicht, wenn wir selber die Herren sein dürfen.

Der Snobismus in Deutschland ist eine nie versiegende Quelle meiner distancierten Belustigung. Nein, diese Snobs! Einen Literaturpreis kriegen, die Weltpresse nach Rom bitten und unter surrenden Fernsehkameras den Scheck über 20 000 Mark in der Luft zerreißen. Und das alles, wohlgemerkt, nicht unter Pseudonym, sondern unter vollem Namen! Nein, meine Art von Herablassung ist von perfekter christlicher Demut kaum zu unterscheiden. Ich würde zum Beispiel ohne weiteres das Bundesverdienstkreuz der zweiten Klasse in Empfang nehmen, mit dem Ausdruck von Dankbarkeit. Aus Demut.

Überhaupt ist Jesus ein Gegenstand meiner Verehrung und zweifellos unzulänglichen Nachahmung. Sie haben mich auf die rechte Backe geschlagen? Bitte sehr, wenn dieses niedere Aggressionsniveau Sie interessiert, bedienen Sie sich doch auch meiner linken Backe! Ich leide gerne. Und hat er es nicht geschehen lassen, daß eine Prostituierte ihm mit ihren Haaren die Füße getrocknet hat? Ich stelle mir immer vor, das würde einem unserer Führungskräfte in einem Nachtclub passieren. Wäre dem das peinlich! Und beim Ende der Kette der Verachtung seiner Zeit, bei einem Zöllner – heute etwa einem Neureichen zu vergleichen, bezeichnenderweise –, bei ihm hat er sich zum Essen eingeladen. Wie groß! Und bei seiner Festnahme, kurz vor seiner Hinrichtung, hat er noch einem Beschützer das Schwert verboten. »Steck doch das Messer weg!« Wie lässig!

Ganz anders die Geschichte von den beiden Snobs, die hier wirklich nur zitiert sein soll: Zwei Snobs stehen während irgendeiner Revolution in der Schlange vor ihrem Henker, und einer fragt den anderen über die Schulter:

»Was gibt man so einem Mann?«

Ich würde sowas nie sagen. Wer körperlich arbeitet, hat in jedem Fall unsere Hochachtung und in keinem Fall unsere Herablassung verdient. Ich würde ihm verschwiegen die Hand drücken und vielleicht eine der weniger humorlosen und unverständlichen neumarxistischen Schriften zustecken.

Karl Marx übrigens hätte sich im Grabe herumgedreht, hätte er mitansehen müssen, wie die Söhne und Töchter der Bildungswilligen in Deutschland sich das einfache Volk mit nachgerade perverser Raffinesse dadurch vom Leibe hielten, daß sie mit dem Proletariat liebäugelten. Immerhin, sie haben ein Verdienst. Sie haben der althergebrachten deutschen Frankophilie die Proletarophilie zur Seite gestellt und damit einen Markstein gesetzt auf dem nicht enden wollenden Weg der deutschen Selbstfindung.

So eine Schrift also würde ich meinem Henker zustecken und bis zu meinem Tode die Hoffnung nicht aufgeben, daß er durch die Lektüre die Abhängigkeit seiner Stellung erkennt und sich mit seinesgleichen zusammenschließt, um sich vielleicht einer weniger entwürdigenden Tätigkeit zuzuwenden.

Ich halte mich bisweilen auf dem laufenden über den aktuellen Stand der Fußballbundesliga, um nicht zu jenen Intellektuellen gezählt zu werden, die glauben, die Zugehörigkeit zu dieser zweifelhaften Kaste beweisen zu sollen durch Ignoranz auf dem Gebiete der Populärsportarten.

Überhaupt, die Intellektuellen, was war das früher für eine Kaste von Haifischen, die sich gegenseitig – und gemeinsam die Welt – zerfleischt haben: Kerr, Kraus, Harden, Blei! Aus Setzkästen, Zersetzkästen möchte man sagen, haben sie die giftigen Bleilettern gezogen, die in höchst präzise angeordneten kleinen Fächern aufbewahrt waren, und zu Schriftsätzen zusammengefügt, um das fettige Weltgeschehen mit ihrem erfrischenden Gift zu durchätzen! Und wir heute? Unsere Frauen hängen sich die Setzkästen an die Wand und füllen sie an mit lauter niedlichen kleinen Dingen. Und im Sommer steht dann alles in schmutzabstoßenden Overalls auf der hintersten Kykladeninsel, tritt sich auf die Füße, ringt die Hände und schreit: »Vor zwei Jahren war hier noch kein Mensch!«

Nun, mein unscheinbares Dasein hat doch auch seine angenehmen Seiten: die Erwähnung meiner wissenschaftlichen Nebentätigkeit in einer Fußnote, etwa der »Wolfenbütteler Barocknachrichten«. Oder wenn mich ab und zu, gegen den erklärten Willen seiner Eltern übrigens, ein elfjähriger Knabe aus der Nachbarschaft besucht, um meine kleine Sammlung elektrischer Porzellan-Isolatoren aus den mittleren fünfziger Jahren zu begutachten und dabei völlig unsachgemäße kleine Fragen zu stellen.

Über mein Liebesleben würde ich nie etwas verraten, was das Bedürfnis nach Diskretion in meinen Zuhörern verletzen könnte. Hierüber nur so viel, daß sich mit diesen doch eher skurrilen, schweißtreibenden Vorgängen der körperlichen Vereinigung wohl kein Mensch beschäftigen würde, wären nicht diese hinreißenden Gefühle damit verbunden. Gut, man will es, man soll es, und, Gott ja, man tut es ja auch gerne. Das heißt nun nicht, daß man alles gierig vom Boden auflesen sollte, was einem die Natur zum Zwecke der menschlichen Arterhaltung wollustüberzuckert vor die Füße geworfen hat.

Aber ab und zu bin ich Gast oder Gastgeber eines solchen Vorganges und im Prinzip durchaus nicht abgeneigt, Geld ins Spiel zu bringen. Ich wüßte nur nie, ob ich der gebende oder der nehmende Teil zu sein hätte, und damit gerät dieser Akt in den Dunstkreis des Unkommerziellen, wohin er seinem moralischen Anspruch nach ja auch durchaus gehört.

Eine meiner weniger angenehmen Erinnerungen bezieht sich auf meine Zeit bei der Bundeswehr, wo sich ein Mensch, ein Individuum, ein Subjekt vor mich hingestellt hat, um mich unter Aufgabe jeglicher Contenance, ich muß schon sagen, anzubrüllen. Der Inhalt dessen, was er so lautstark forderte, war ein Befehl. Nun, ich bin ihm dann nachgekommen, etwas zögernd, aber doch. Denn ich sagte mir: Schau, ein Befehl ist auf seine Art und Weise durchaus auch eine Willensäußerung, die unsere Aufmerksamkeit verdient.

Einer meiner Wachträume beschäftigt sich damit, man könnte mich eines Tages erschießen wollen, aus Haß gegen meine Art, die Welt zu sehen. Das fände ich begreiflich, sähe mich aber gezwungen, diese Erschießungsabsicht als Eingriff in meine Privat-, ja sogar in meine Intimsphäre zu betrachten. Diese entsetzliche Distanzlosigkeit, die allenthalben um sich greift! Selbst bei so sympathischen und vernünftigen Menschen wie Hausbesetzern ist es mir doch vorgekommen, daß abends, nach getaner Arbeit beim Glas Wein, ein junger Mensch mich ins Vertrauen gezogen hat, um anzufangen, von seinem »Beziehungsscheiß« zu sprechen. Ich bitte Sie, wenn ein junger Mann Liebeskummer hat, dann hat das allemal ein tröstendes und hilfreiches Wort verdient. Aber

»Beziehungsscheiß«! Hätten sich seine Sehnsüchte erfüllt, hätte er vielleicht gesagt: »Es läuft was auf der Beziehungsebene.« Ich muß dabei immer an eine Kakerlake denken, die über ein Betttuch kriecht. Ich habe dann Müdigkeit vorgeschützt, das heißt, ich war wirklich müde. Er hat mich auf eine Matratze mit einer etwas unreinlichen Decke gewiesen mit den Worten: »Da kannste pennen.« Ich wollte eigentlich schlafen. Aber hier habe ich eben gepennt. Aus Solidarität.

Wenn dann also bei meiner Erschießung die Gewehrkugeln auf mich zugeflogen kämen, dann wäre ich bei allem Schmerz doch leicht belustigt, denn ich würde das Gefühl nicht los, sie täten das nur deshalb so heftig, um mir endlich persönlich näherzukommen, um mich endlich duzen zu dürfen.

Es wird zweifellos von solch schrecklichen Dingen nichts passieren; ich werde eines Tages sterben in einem Provinzkrankenhaus dritter Klasse, eines natürlichen Todes. Wenn dann aber die Krankenschwester an meinem Bette sitzt, um mich zu füttern: »... so, und jetzt nehmen wir noch ein Löffelchen und dann noch ein Löffelchen und dann noch ... und dann schlucken wir ganz lieb unsere Medizin und dann legen wir uns hin und schlafen ein bißchen« – ich werde mich steil im Bett aufrichten, werde ihr vielleicht empfehlen, heute ein bißchen früher Feierabend zu machen, und werde sagen: »Junge Frau, für Sie bin ich immer noch Herr Meier!« werde mich hinlegen, zur Wand drehen und sterben. Nicht ohne das Gefühl einer gewissen Wehmut übrigens, denn das Dasein in dieser unvollkommenen Welt ist mir doch fast wie zur zweiten Natur geworden.

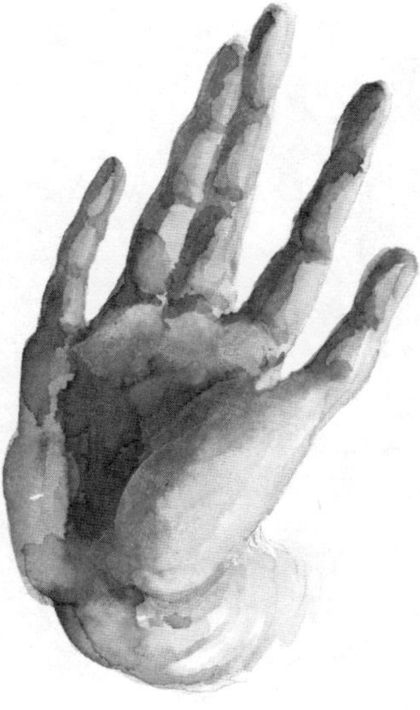

Die schwarze Haube

AM Ostufer des Vierwaldstätter Sees lebte ein Architekt, Urs, der sich täglich zu Fuß, mit dem Fahrrad oder einem behäbigen schwarzen Auto älteren englischen Fabrikats zwischen der Neubauwohnung, die er mit seiner Frau und zwei Kindern teilte, und seinem Büro am anderen Ende des Städtchens hin- und herbewegte und schon lange nach einem Haus suchte, das sowohl Wohn- als auch Arbeitsstätte in sich aufnehmen könnte. Weder Armut noch etwa ein Mangel an Gestaltungskraft hinderten ihn, seinen Wunschtraum zu verwirklichen, zu dessen Inventar ein zu pflanzender Baum zählte, dessen Riesenhaftigkeit der knapp Vierzigjährige noch erleben würde, Lampionfeste im Garten, Zimmer für die Buben unterm Dach, eine Bibliothek.

Aber da war noch eine ganz andere Art von Traum: wieder einmal allein sein und noch etwas dazulernen. Eine Wanderung durch Lappland spielte da eine Rolle, die Ausbildung zu einer Kampfsportart in Japan, das Leben mit den Mönchen als Gast in einem Benediktinerkloster oder, in der einfachsten Form, noch einmal ein Jahr Studium, der Philosophie, mit Kohleofen auf der Studentenbude, mit Tee und Konzentration auf das Wesentliche. Eine Zeitungsannonce führte ihn zu einem alten Bauernhaus, außerhalb des Ortes am Hang gelegen, mit Blick auf den See, Garten, intaktem Dachstuhl, dessen rußdurchtränkte Balken im Lauf der Zeit versteinert waren, mit überhaupt gesunder Bausubstanz, wenn auch verwohnt und renovationsbedürftig.

Ein rascher Entschluß, sein Vermögen und ein Bankkredit, der sofort gewährt wurde, machten ihn zum Besitzer, bevor eine Wohngemeinschaft, ein Meditationszentrum oder eine Praxengemeinschaft von Kindertherapeuten den Zuschlag bekamen, denn das waren seine Mitbewerber.

Urs verbrachte nun seine Abende, seine freien Wochenenden, manchmal sogar seine Mittagspause im neuen Haus, wo er als erstes ein Zimmer im ersten Stock seinen Vorstellungen gemäß herrichtete, einen Brückenkopf seines Gestaltungswillens. Er legte zunächst das Fachwerk frei und weißelte die Felder dazwischen. Ein Tisch mit Reißbrett und Plänen für den Umbau kam an die Wand, eine Kaffeemaschine daneben, eine Flasche alten Cognacs wurde in eine Ecknische placiert, die früher einmal etwas Heiliges beherbergt hatte und die er dann doch nicht farblich abzusetzen sich entschloß. Einen Basler Holzschnitt, einen Totentanz aus dem sechzehnten Jahrhundert, in Offsetdruck wiedergegeben, befestigte Urs mit Reißnägeln an der Wand.

Hier fühlte Urs sich so wohl, daß sich die Bezugsfertigkeit seines Hauses länger hinauszögerte als gedacht, denn die Vorbereitung des bürgerlichen Daseinszieles hatte zuviel vom anderen, asketisch-abenteuerlichen, als daß der Architekt sie nur als möglichst rasch zu überwindendes Durchgangsstadium betrachtet hätte. Vom Flur im ersten Stock gingen Zimmer in alle Richtungen ab, hier wollte Urs eine Eßdiele einrichten. Ein beidseitig zu öffnender Schrank war von früheren Mietparteien zum Raumteiler ergänzt, mit Brettern verschalt und mit Tapeten überklebt worden, so daß er eine hohle Wand bildete. Urs wollte daraus ein Geschirrbord mit Durchreichmöglichkeit machen und entfernte mit weitschwingenden Armbewegungen eines Abends verschiedene Schichten unterschiedlich geblümter Tapeten von der Bretterverschalung, worauf mächtige Staubwolken die vergitterte Baulaterne verdunkelten, die zur provisorischen Beleuchtung diente und mit ihrem weißen Licht bizarre Schatten warf. Krachend und quietschend gaben Bretter und Nägel nach, darunter kam das Schnitzwerk der alten Schranktür zum Vorschein und, nach deren vorsichtiger Öffnung, das Innere mit allerlei Gerümpel, Fahrradschläuchen, verdreckten Ölflaschen, altem Geschirr und einem Haufen Lumpen, alles von beruhigender Wertlosigkeit. Urs nahm sich vor, mit der Entrümpelung seiner Schrankwand sein Tagwerk für diesmal beendet sein zu lassen, und raffte das Zeug mit beiden Händen zusammen, um es in die bereitstehende Schmutztonne zu werfen. Der Lumpenhaufen bildete den Bodensatz von allem, feucht und modrig. Kaum hatte Urs hineingegriffen, als er die Hand vor etwas Kaltem und Weichem zurückzog: dem Fell einer verwesten Ratte, die, an ihrem Schwanz zwischen Daumen und Zeigefinger des Architekten baumelnd, entfernt wurde. Nach dem Genuß von Rattengift hatte sich das Tier mitsamt seinen Höllenqualen im Leib an einen warmen, versteckten und zentralen Ort geflüchtet, um sich noch nach dem Tode durch seinen Verwesungsgeruch an seinen Mördern zu rächen.

Urs nahm ein Glas vom alten Cognac und forschte mit einem Stöckchen nach weiteren Tieren, fand aber nur den Kot der einen Ratte reichlich in dem schwarzen Lumpen, in den sie sich zuletzt hineingewühlt hatte. Diesen Lumpen wollte Urs nicht anfassen, sondern er nahm ihn auf die Spitze des Stöckchens, um ihn in die Tonne abzustreifen. Dabei fiel ihm wohl etwas Besonderes an Stoff und Gewebe auf, was er aber, von Alkohol und Müdigkeit leicht benebelt, nicht weiter beachtete. Er räumte den Schrank vollends leer, um dann heimzugehen zu Dusche, Fondue und Fernsehen.

Gegen drei Uhr früh erwachte er kurz von einem Traum, in dem der schwarze Lumpen mit der Ratte eine Rolle spielte. Am nächsten Morgen ließ ihm das seltsame Stück keine Ruhe. Er ging nicht ins Büro, sondern in sein Haus, um den Fund aus der Tonne wieder auszugraben. Mit spitzen Fingern zupfte er die Falten des Lumpens auseinander und spürte dabei die weiche, feine Qualität des Stoffes, dessen Glanz sich stellenweise sogar noch gegen den hellgrünen Schimmel durchsetzte. Im zusammengebackenen Zickzack der Faltenschichtung kam eine lange Reihe winziger Knöpfe zum Vorschein, fein überzogen mit schwarzer Seide, zum Teil noch gehalten von den zugehörigen Laschen, die aus dünnem Zwirn in Abertausenden von winzigen Knoten zu festen kleinen Spiralen geknüpft waren. Wenn Urs später von seinem Fund erzählte, kam unverändert jedesmal: »'s isch sehr, sehr fiin gsy!« Mit einem weißen Zeichenblatt auf Ursens Reißtisch als Untergrund zeigte der Stoff schließlich die Rundungen einer Kopfbekleidung, die nur die Augen des Trägers freigelassen hatte. Unter der Nase begann die Reihe von siebenunddreißig Knöpfen, die enganliegend das Kinn nachzeichnete und in einer elegant konkav geschweiften Spitze vor der Brust endete. Und unter dem Modergeruch war noch ein Hauch von einem anderen Duft wahrzunehmen, ganz, ganz weit weg: der Duft von Tabak.

Die Haube eines Scharfrichters konnte es nicht sein, wie der Direktor des Heimatmuseums, dessen Umbau Urs geleitet hatte, am gleichen Nachmittag mitteilte, denn es hatte in dieser Gegend kein Blutgericht gegeben. Er bat, das ganze Haus sehen zu dürfen, und betrat mit Urs über eine steile Stiege den Dachboden, von dem aus eine Tür in eine Giebelkammer führte. Und seltsamerweise hatte diese Tür ein riegelbewehrtes Türchen in sich, eine Durchreiche wie jene, die Urs in seiner Eßdiele in die Schrankwand einbauen wollte, den Fundort der schwarzen Haube, und war doch ganz anders. Die Giebelstube war die Pestkammer des Hauses gewesen, eine bäuerliche Isolierstation, und durch das Türchen war dem Kranken seine Nahrung gereicht worden, bis er der Seuche erlegen war.

Die Kammer enthielt einen alten Koffer, Dachschindeln, Mörtel, ein kleines Fenster mit Blick auf den Wald und barg keinerlei Infektionsgefahr mehr. Hatte aber doch den Schweiß, das Stöhnen des Kranken, den Kübel mit seinen Exkrementen, seine flackernde Hoffnung auf Leben und seine Fieberträume beherbergt, das klebrige Stroh seines Lagers. Keine Ratten.

In einem der holzvertäferten Gasthäuser am Seeufer erzählte der Museumsmann Urs und einem kleinen Kreis gleichaltriger Freunde bei einem Krug roten Veltliner Weines:

Die Flöhe, die die Pest übertrugen, gingen auf

Ratten und erst, wenn diese alle infiziert und schließlich tot waren, auf das Nächstbeste, den Menschen. Nur eine Art von Menschen schien gegen die Pest immun zu sein, nämlich die Tabakhändler, die aus Holland über Basel den Rhein heraufgekommen waren. Das wurde freilich nicht auf den feinen Tabakstaub zurückgeführt, den sie in der Kleidung trugen, sondern auf Amsterdamer Alchimisten, auf den Bund mit Dämonen, Teufeln oder Engeln. Sie wurden der Hexerei beschuldigt, aber insgeheim aufgesucht, weil man sich durch ihre Berührung schützen wollte, hatte man doch noch nicht den Floh als Überträger der Seuche entdeckt, geschweige denn das Tabaköl als Mittel gegen diese Ursache der Pest. Aber irgend jemand, ein kleiner Kreis von klugen Leuten, die nicht einer unauflöslichen Verknüpfung von Ursache und Wirkung nachforschten, sondern ihrem Augenschein vertrauten und in rätselhaftem Dunkel tastend Heil und Fortschritt beförderten, hatte herausgefunden: Tabak hilft gegen die Pest, wie auch immer.

Die schwarze Haube nun gehörte zur Tracht dieses kleinen Ordens der Klugheit: mahnend, warnend und helfend, unheimlich gewandet und doch in liebender Absicht, tauchten sie an Orten des Unheils auf, reichten Pastillen aus Brotteig und Tabak, beteten und trösteten, auf der richtigen Spur, wenn auch noch nicht weit genug vorgedrungen. Und einer von ihnen hinterließ seine Haube in Ursens Bauernhaus.

Die schwarze Haube aber wird aufbewahrt im Archiv eines Basler Museums, nicht weit von einer abgelösten und aufgerollten Wandmalerei, auf der der Tod von Basel seine Sense schwingt, der nämliche, der in Offsetdruck in Ursens Arbeitszimmer hängt, inzwischen gerahmt und unter Glas, am Ostufer des Vierwaldstätter Sees.

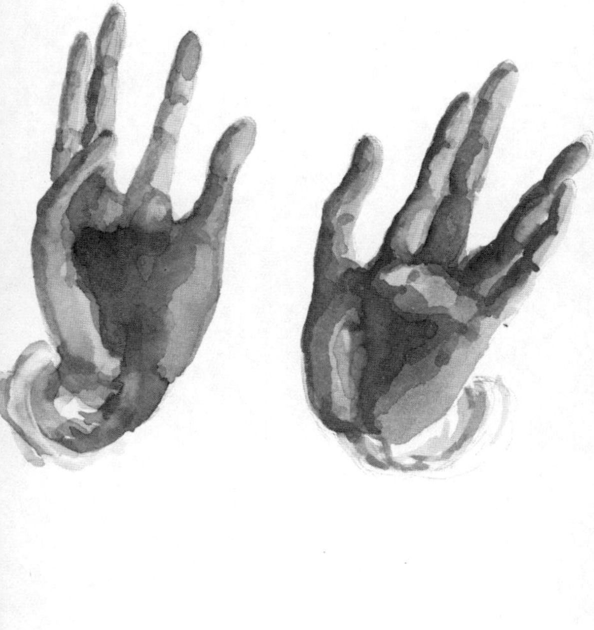

Der Indianer

ERICH Leitmeier gehörte zu den Sioux-Indianern von Freimann, war als Unterhäuptling eng mit dem Häuptling Helmut befreundet und verbrachte jede freie Minute in den Isar-Auen, wo der Stamm sein Lager hatte.

Das war eine kugelige Hütte aus zusammengebogenen und durch Flechtwerk verbundenen Zweigen, innen mit Moos gepolstert, das Vogelnest von Erichs Knabenseele, in das er durch ein rundes Loch am Boden kriechend gelangte. Dort, in dem milden Licht, das der Tag durch das Laubdach sickern ließ, öffnete er den mit Gras getarnten Deckel eines Loches im Boden, das säuberlich mit Dachziegelscherben ausgekleidet war, und holte den hölzernen Tomahawk hervor, den Kopfputz aus Bussardfedern, die Muscheln und den Vogelschädel, um all dies vor sich hinzulegen und zu betrachten. Solche

Momente waren und blieben die glücklichsten in Erichs Leben.

Eines Samstagmorgens fand er das Lager zerstört und geplündert, die Waffen und heiligen Gegenstände zerbrochen. Lange stand er in seinem blauen Anorak vor der Verwüstung, mit verschränkten Armen und hochgezogenen Schultern, sah ohne Tränen zu Boden und erkannte, daß dies nicht eine Tat von Feinden war, an denen man sich hätte rächen können, sondern der Anschlag von jemand, der wollte, daß er endlich aufhörte, ein Indianer zu sein. Er sollte die Sitten und Gebräuche des weißen Mannes annehmen, seinen Stamm verlassen, die Blutsbrüderschaft verraten.

Die anderen Sioux, die sich am Samstagnachmittag mit ihren Kleinmotorrädern vor dem Dorfkino trafen, kauten Kaugummi, hatten Mädchen dabei und lachten, als der Häuptling Helmut Erich fragte, ob er heute schon im Lager gewesen sei. Und in diesem Moment, als es doch um das zerstörte heilige Lager ging, gab es keine Rachegedanken und Kriegsbeilpläne, keine geflüsterten Verabredungen und Befehle, sondern Gelächter von den Stammesbrüdern, die schon gar keine mehr waren, sondern Bleichgesichter, Cowboys und Sheriffs. Erichs Gesicht färbte sich tief rot, ohne daß er es wußte. Jetzt wußte er nur, daß Helmut selber das Lager zerstört und daß die anderen ihm dabei geholfen hatten.

Der Film, den der Stamm zusammen ansah, war ein Wildwestfilm. Da geschah es, daß Indianer mit wippenden Federn auf den Köpfen und buntbemalten Oberkörpern, die auf ungesattelten Pferden über die Prärie ritten und hohe, kehlige Schlachtrufe ausstießen, von dunkelblau uniformierten Soldaten reihenweise abgeknallt wurden, ohne daß auch nur ein einziger Sioux im Kino etwas anderes getan hätte als seinen Gummi weiterzukauen und gleichsam zufällig seinen Arm um das Mädchen neben sich zu legen. Erich sah sich um in dem schwarzen Raum mit den fahlen Bleichgesichtern der Kinobesucher, mit dem bizarren Lichtkegel zwischen Projektor und Leinwand, mit dem Surren der Maschine hier und den jagenden Reitern dort. Da sprang er auf, stimmte ein in die Schlachtrufe seiner indianischen Brüder, zwängte sich hastig zwischen Besucherknien und Sessellehnen durch und sprang dann von Polster zu Polster über die leeren Sitzreihen. Einige drehten sich um, einige lachten, weil sie glaubten, ein Spaßvogel mache da gekonnt das indianische Geheul von der Leinwand nach. Hätten sie gewußt, daß es der Große Adler selbst war, der da aufbrach, an der verdutzten Platzanweiserin vorbei und hinaus in den sonnigen Nachmittag, dann hätten sie auch gewußt, warum er den Schlachtruf der Sioux beherrschte.

Im dunklen Kinosaal wurden tanzende Offiziere im Kerzenschein gezeigt, und alles war wie vorher, als der Große Adler schon mit seinem Fahrrad auf dem Weg in die Isar-Auen war.

Es war die erste Nacht in seinem Leben, in der er nicht zu Hause bei seinen Eltern schlief, sondern im Freien auf dem Boden unter einer alten Wolldecke. Er fror sehr. Bevor er von der Kälte erwachte, träumte er, daheim in seinem Bett zu liegen und zu schlafen, bis er durch ein Geräusch im Wohnzimmer erwachte. Er ging durch den Flur und fand die Türe offen. Da standen sieben Krieger vom Stamm der Sioux im Raum verstreut, hatten sich um die hochgezogenen Schultern gewebte, bunte Decken gelegt, die sie vorne mit den verschränkten Armen zusammenhielten, in würdevoller, aufrechter Haltung, die zerfurchten Gesichter voller Ernst auf Erich gerichtet. So standen sie eine Weile schweigend, bis einer der Krieger den Fuß vorstellte, um anzudeuten, daß er das Wort ergreifen wolle. Er erhob sein Kinn, wandte den Kopf zu Erich und sprach ruhig und feierlich: »Unser Bruder, der Große Adler, soll uns folgen!« Dann machte er mit dem Kopf eine knappe, ausholende Bewegung, die seit Urzeiten bedeutet: »Gehen wir!« Erich erwachte und fand sich alleine zwischen Gebüsch unter dem bedeckten Nachthimmel, nichts regte sich, ein Nachtvogel rief in der Ferne, der Isar-Kanal rauschte, sonst war alles still.

Das war kurz vor dem Ende von Erichs Schulzeit an einer Volksschule in Freimann. Er wurde zu einem Anstreicher in die Lehre gegeben, bei dem er seine Arbeit unauffällig und sorgfältig verrichtete. Seinem Meister war er nicht ganz geheuer, weil er ernst und stumm blieb und durch keinerlei Nachlässigkeit dem gewohnten erzieherischen Zugriff und seiner derben Vertraulichkeit eine Angriffsfläche bot. Er blieb auch nie eine Minute länger als unbedingt notwendig im Geschäft. Die anderen Lehrlinge zuckten die Achseln über ihn, wenn sie etwa nach der Berufsschule noch beim Bier saßen. Es versuchte wohl auch einmal einer, sich über ihn lustig zu machen, aber nie mit Erfolg.

In einer Frühstückspause, als Erich zum Wurstkaufen geschickt worden war, trieb einen Kollegen der Vorwitz, in Erichs Anoraktasche, die unförmig ausgebeult war, nachzusehen, was wohl darinnen wäre, und er brachte ein Stück Leder zum Vorschein, das mit bunten Streifen kunstvoll durchflochten und mit einer Schildkröte bestickt war, und zwar nicht mit Garn, sondern mit Federkielstreifen. Staunend betrachteten die Burschen den bunten Gegenstand, und nichts Abfälliges wurde laut, hatten sie doch ein seltenes und gut gemachtes Stück Handwerk vor sich. Ein Geselle, der den Lehrlingen über die Schulter sah, wußte, was es mit dem Leder auf sich hatte. »Das ist ein Indianermokassin«, sagte er.

Nach der Pause nahm er Erich beiseite und fragte ihn, ob er nicht Lust hätte, am Samstagnachmittag in den Club zu kommen, den Arizona-Club, einen Kreis von Freunden des Wilden Westens, der sich an Wochenenden in einem gepachteten Teil des Isar-Tales traf. Dort wurden Wigwams gebaut, Feuer entzündet und Fleisch gebraten, auch Gäule ausgeliehen von einem Bauern in der Nähe und in angemessener Verkleidung geritten. Hier fand der Große Adler bald

Freunde. Er stieg rasch im Ansehen wie jeder, dem es noch ernster ist mit etwas, was den anderen schon ernst ist. Wenn er das Kalumet, die Friedenspfeife, aus dem gefransten Beutel holte, entzündete und den Rauch in alle vier Himmelsrichtungen blies, dann war das kein Spiel mehr, sondern eine Zeremonie. Wenn die Bleichgesichter mit ihren Patronengurten und Sporenstiefeln vom Trinken aus dem Saloon kamen, einem mit Nut- und Federbrettern verkleideten Wohnwagenanhänger, verstummten sie und blieben in respektvollem Abstand stehen, bis die Pfeife reihum gegangen und zu Ende geraucht war.

In einem Pfarrhaus im Münchner Norden hat der Sohn des Pfarrers einmal mit dem Großen Adler Bekanntschaft gemacht. Das Haus wurde renoviert und frisch angestrichen, und eines Morgens saßen die Maler auf dem Flur, um Brotzeit zu halten. Einer davon, ein etwa siebenundzwanzigjähriger Mann mit breitem, gutmütigem Gesicht, hatte aus den Büchern, die in der Ecke aufgestapelt lagen, um ihren Platz an der Wand freizumachen, eines herausgegriffen und sich damit in eine Ecke zurückgezogen. Es war der berühmte Bericht des Leutnants Wellinghaus von seiner Reise durch die Wälder und Prärien des nordamerikanischen Kontinents. Der Sohn des Pfarrers, ein vielbelesener und interessierter Gymnasiast, sprach ihn darauf an. Erich meinte zuerst, man wolle ihn zurechtweisen, weil er sich an fremdem Eigentum vergriffen hätte, klappte scheu das Buch zu und wollte es an seinen Platz zurücklegen, wurde dann aber freundlich ermutigt, doch weiterzulesen, und nach dem Grund seines Interesses gefragt. Er zeigte detaillierte Sachkenntnis in allen Fragen der Kolonisation des nordamerikanischen Kontinents, erzählte über die Schlacht am Little Bighorn und die am Wounded Knee, Ortsbezeichnungen, die er buchstäblich aussprach, wie man sie liest, waren sie doch in englischer Übersetzung und nicht im indianischen Original wiedergegeben, denn sonst hätte er sie richtig ausgesprochen.

Es gab unter den Freunden im Arizona-Club ein paar lesende, die an dem Wochenend-Wildwest-Dasein nicht Genüge fanden, sondern sich Literatur aus städtischen Büchereien holten und das Gelesene austauschten. Es waren gestandene Männer, die ihre Begeisterung durch Kenntnisse erweiterten, ansonsten bei Banken oder Versicherungen arbeiteten und daheim am Küchentisch, bei Bier und Schweinebraten und dank dem Spott ihrer Ehefrauen, immer wieder den Bodenkontakt zurückerlangten, den sie bei der Lektüre der Memoiren eines berühmten Indianerhäuptlings schon einmal verlieren konnten.

Nicht so der Große Adler. Er verlor den Boden nie unter den Füßen, denn die Erde war seine Mutter und der Himmel sein Vater, und sie waren heilig. Er liebte sie und lag an sonnigen Tagen oft mutterseelenallein und ausgestreckt rücklings auf der Erde, um ihre Kraft in sich aufzunehmen, ganz natürlich für einen Sohn, den seine Eltern zu etwas Großem bestimmt haben.

Als er siebenundzwanzig Jahre alt war, nannte sich der Indianer Erich nicht mehr Großer Adler, sondern »the Big Chief of the Mountains«, der Große Häuptling der Berge, in der Sprache der Bleichgesichter, denn jetzt sollten es alle wissen. Es gibt für einen großen Häuptling keinen Grund, sich zu verstecken. Er ging jetzt auch in der Tracht seines Stammes durch Freimann. Seine Eltern, die ihn bis dahin mit Sorge beobachtet hatten, aber gewähren ließen und nur gelegentlich zur Vernunft riefen, suchten den Rat eines Sozialhelfers. Der verwies sie an einen Psychologen, der von den Ärzten des Vororts gelegentlich Fälle überwiesen bekam und auch vom Sozialhelfer selber schon einmal konsultiert worden war.

The Big Chief hatte keinen Wohnsitz außer einer Schlafstelle in der Dreizimmerwohnung seiner Eltern, seinem Wigwam im Arizona-Club und geheimen Stellen in den Isar-Auen, in die er sich immer öfter ganz allein zurückzog. So war er auch immer seltener daheim. Eines Abends, als er im

Schneidersitz auf seinem Stuhl beim Abendessen saß und sein Vater, der von Beruf Baustatiker war, ihn bat, sich doch anständig hinzusetzen, brüllte der Häuptling ihn an: »Schweig!« Herr Leitmeier hielt dies für das gegebene Signal, das Verhalten seines Sohnes nicht mehr für sonderbar, sondern für krankhaft zu erklären.

Der zeigte sich nun schon in der Münchner Innenstadt, und zwar mit allen Anzeichen seiner Würde. Nachdem dort mancher komische Vogel sein Wesen trieb, erregte auch ein Indianerhäuptling kein besonderes Aufsehen. Aber es geschah, daß ein schwarzhaariges Türkenmädchen von einem angetrunkenen Menschen belästigt wurde, was dem Big Chief nicht entgehen konnte, der in einem Hauseingang auf der Lauer stand. Er stieß seinen Kriegsruf aus, stürzte sich auf den Frevler und hielt ihn fest, bis das Türkenmädchen, die junge Squaw vom Stamme der Sioux also, im Gewühl untergetaucht war. Ein Auflauf bildete sich um die Szene, in deren Mitte der Indianer das freche Handgelenk, das sich loswinden wollte, eisern umklammert hielt und mit rollenden Augen sagte: »Der große Häuptling duldet den Fremdling nicht in seinem Lager. Er soll sein Kanu besteigen und in das Land der Bleichgesichter zurückkehren!«

Die Leute in der Menschentraube machten Gesichter wie bei einem Straßentheater, dessen Kostenlosigkeit und guten Willen man anerkennt, dessen Absicht man aber nicht versteht. Ein Polizist, der sich mit professioneller Gelassenheit der Sache annahm, notierte die Klagen des Angetrunkenen über Belästigung, wobei allerdings das Türkenmädchen keine Rolle mehr spielte. Den Häuptling aber, der mit verschränkten Armen und versteinertem Gesicht unerschütterlich Würde ausstrahlte, nahm er mit aufs Revier, um seine Personalien festzustellen. Er hatte es schwer. Gegebene Hinweise von Passanten, Telefongespräche und Auskünfte von Kollegen anderer Dienststellen führten schließlich dazu, daß der Häuptling mit einem Streifenwagen bei seinen Eltern abgeliefert wurde.

Die waren sich in der Folgezeit nicht klar, ob sie der Liebe zu ihrem Sohn oder der Angst vor seiner Gemeingefährlichkeit mehr Raum geben sollten. Eher als der Vater zeigte die Mutter sich bereit, mitzuspielen und dem Sohn die Duldung und Anerkennung zukommen zu lassen, die er als Indianer von seinen Eltern verlangte. Freilich hatte auch sie noch Hoffnung, daß er, vielleicht durch die Bekanntschaft mit einer Frau, in normale Bahnen zurückfinden, etwa eine Familie gründen und als der einzige Sohn seine Eltern im Alter stützen könnte. Der Verzicht auf Behaglichkeit des Daseins, den die beständige Wachsamkeit über das Ungewöhnliche notwendig machte, die Peinlichkeit vor der Nachbarschaft, all das wäre zu ertragen gewesen, wäre nicht die Verantwortung für Erichs Wohlfahrt gewesen, dessen ungefüge Phantasien eines Tages zwangsläufig zu einem unguten Ende führen mußten. Schließlich siegte die Verantwortlichkeit – zusammen mit dem Wunsch nach Bereinigung der Verhältnisse und Entlastung – über den Schmerz des Verlustes. Es wurde beschlossen, Erich in ein psychiatrisches Krankenhaus einzuweisen.

Das Wort Schizophrenie, das der Sozialhelfer einmal erwähnt hatte, wenn auch nur im Sinne einer Ähnlichkeit mit Erichs Zustand und nicht einmal als Verdacht eines Krankheitsbildes, spielte in Erichs Umgebung, wenn auch geheimgehalten, eine wichtige Rolle, schien es doch alles Unbequeme und Rätselhafte seines Daseins in ein begreifliches und mittelbares Paket zusammenzufassen. Die Entmündigung, die Überweisung in eine entsprechende klinische Station sowie die Finanzierung durch die Krankenkasse wurden in die Wege geleitet, und man bereitete den großen Häuptling mit der Sanftmut, die ausgeteilten Schlägen zu folgen pflegt, auf seine Zukunft vor. Dort, wo er hinkomme, sei er gut versorgt, werde sicher auch andere Indianer treffen und ihr Häuptling sein, auch brauche er nicht mehr zu arbeiten. The Big Chief nahm das alles schweigend zur Kenntnis, protestierte nicht und stimmte nicht zu. Sein Gesicht wies schon senkrechte Furchen in den Backen und unter den Augen jene Bögen auf, die Tränensäcke heißen und das zunehmende Gewicht der Augen beim Älterwerden anzeigen. Dadurch war es dem Gesicht eines alten Indianerhäuptlings schon näher gekommen als zur Zeit von Anorak und hölzernem Tomahawk, und es bewahrte steinerne Ruhe. Beim vereinbarten Abholtermin drängten ihn die Pfleger mit sanfter Gewalt zur Türe der elterlichen Wohnung, er aber entwand ruckartig sein Handgelenk den Griffen, die ihn in ihre Gewalt bringen wollten. Durch Blicke und dämpfende Gesten verständigte man sich hinter seinem Rücken, daß es für diesmal besser sei, den Kranken gewähren zu lassen.

Beim Abendessen, für das seine Portion Leberkäse eigentlich schon nicht mehr vorgesehen gewesen war, zeigte sich der große Häuptling ungewöhnlich redselig, erzählte von der Zeit, als er noch ein Kind war, und stellte Fragen nach Neubauten, die sein Vater derzeit zu betreuen hatte. Dieser Anschein des Normalen bewog seine Mutter, in der Nacht noch einmal auf ihren Mann einzureden, ob man es mit Erich nicht doch noch einmal versuchen wolle. Der zeigte sich nicht abgeneigt und telefonierte am nächsten Morgen mit den zuständigen Stellen, beugte sich aber ohne ernsthaften Widerstand und als Laie, der er schließlich in wissenschaftlichen Dingen war, dem Rat der Fachleute, die ihn überzeugten, daß es sich bei diesem Abendessen nur um einen vorübergehenden Lichtblick gehandelt habe, wie er vor schweren Schüben dieser Krankheit sogar die Regel sei.

Am Abend dieses Tages kam Erich mit einem gewaltigen Lederbündel auf der Schulter nach Hause, das einen so starken Geruch nach dem Rauch von Holzfeuer ausströmte, daß Herr Leitmeier, der eine Demütigung in seinem Betrieb erfahren hatte, nicht mehr Herr in seinen eigenen vier Wänden zu sein glaubte und beinahe einen handgreiflichen Streit mit seinem Sohn angefangen hätte. Aber er ließ sich von seiner Frau mit dem Hinweis, daß er ohnedies sein Recht bald bekommen würde, noch einmal besänftigen. Der Häuptling sollte mit Gewalt abgeholt werden, was man ihm zu verheimlichen versuchte, was aber seinen Adleraugen und Luchsohren nicht entgehen konnte. Er sollte in eine Reservation, wie sie der weiße Mann der besiegten Rothaut gönnte, und es wäre nicht schwer gewesen, zu fliehen und bei seinen Brüdern aus dem Arizona-Club unterzukommen. Fliehen aber wollte er nicht. Flucht hätte Verrat bedeutet am Lande seiner Väter. Frei und stolz wollte er lieber sterben als sich dem Willen seiner Feinde zu beugen.

Der Hauptwachtmeister Josef Brenninger, der kam, um Erich abzuholen, war in die gleiche Schulklasse gegangen und teilte sogar einen Stammtisch mit dem Kassierer des Arizona-Clubs, aber diesen Zusammenhang kannte niemand, auch er selber nicht. Er klingelte. Herr Leitmeier machte auf und deutete stumm auf die Tür von Erichs Zimmer. Der Polizist ging hinein und sah sich um, ohne jemand zu finden. Er spähte hinter die Tür, ob der Patient sich vielleicht dort versteckt halte, als aus dem Schlafzimmer der Leitmeiers ein Geschrei erscholl, hoch, schrill, wild und in einer Stimmlage, die den zivilisierten Zuhörern nur vertraut war von den Lustschreien, die bei ländlichen Festen tanzende Burschen an besonders lebhaften Stellen auszustoßen pflegen.

Da öffnete sich die Schlafzimmertür, und darin stand Erich Leitmeier, der Große Adler, the Big Chief of the Mountains, in voller Kriegsbemalung, mit roten Streifen schräg über den Backen, auf dem Kopf einen Federschmuck, der die Stirn prächtig überragte und dessen beide Enden bis zu den Knien reichten, zwischen den Federkielen mit weißem Flaum sorgfältig verbrämt. Die Beine staken in langen Lederstrümpfen, die, oben zusammengebunden, eine Art Hose bildeten, die Füße in Mokassins, die jeweils reich bestickt und mit einer Schildkröte verziert waren. Das lederne Hemd war an den Nähten mit langen Fransen üppig besetzt, der Hals umringt von vielen Lagen einer Kette aus Hundezähnen, die einem Siouxkrieger Mut und Kraft verleihen. Von der Brust des Häuptlings hing ein Medizinbeutel voller Geheimnisse, die nur der Große Adler kannte, denn sein Hilfsgeist war nachts zu ihm gekommen und hatte sie ihm anvertraut.

Dem Ehepaar Leitmeier und dem Polizisten Brenninger war, jedenfalls für einige Augenblicke, ob der Majestät des Anblicks die Sprache verschlagen. Der Krieger ging in die Knie, beugte den Oberkörper vor und hielt die rot und blau bemalten Hände nach vorne geöffnet, senkte den Kopf und hob lauernd seinen Blick, um einen Angriff seines Feindes zu erwarten. Josef Brenninger hatte ein ruhiges Naturell, das schon manchen Wirtshausschläger zur Raison gebracht hatte, indem er in ruhiger, tiefer Stimmlage sagte: »Geh weiter, etz geh ma!« und eine knappe Kopfbewegung dazu machte. So sagte er auch jetzt: »Auf geht's, großer Häuptling!« wobei sich aber seine Stimme ihrer Bierruhe nicht mehr ganz so sicher war. Kaum hatte sich seine Hand am Lederhemd des Großen Adlers vergriffen, als der mit einem

Satz zurücksprang, in das Schlafzimmer seiner Eltern, in die Hocke ging und anfing, im Kreise herumzuhüpfen, um mit dem großen Hundetanz die Geister seiner Ahnen zu beschwören, lockende Vogellaute ausstieß, die Hüften rhythmisch hin und her wiegte und in der Hand das Kriegsbeil schwang, den Tomahawk, der diesmal aber nicht aus Holz, sondern aus gewichtigem Eisen gefertigt war.

Frau Leitmeier fuhr sich mit der flachen Hand vor den Mund, ihr Mann sah nach dem Polizisten, der sich sogleich von der Pflicht zu entschlossenem Handeln gerufen fühlte, die sein Beruf ihm vorschrieb. Er machte drei Schritte in das Zimmer hinein, um dem Geistesgestörten Handschellen anzulegen. Der Indianer aber stürzte sich mit einem schrillen Schrei auf den Eindringling. Sie rangen eine Weile im Stehen, bis sie das Gleichgewicht verloren und auf das mit einer grünen Tagesdecke bedeckte Ehebett fielen, wo sie sich ächzend im Kampfe wälzten. »Jesus, Maria und Josef!« rief die Mutter, als sie sah, wie der Hauptwachtmeister eine Hand freimachte, um nach der Pistole zu greifen, die in ihrem Lederfutteral auf den Rücken gerutscht war und tastend gezogen und entsichert wurde.

Der Große Adler starb durch das Feuerrohr des weißen Mannes, fiel im Kampf gegen ein Bleichgesicht, wurde in Notwehr erschossen, war sofort tot.

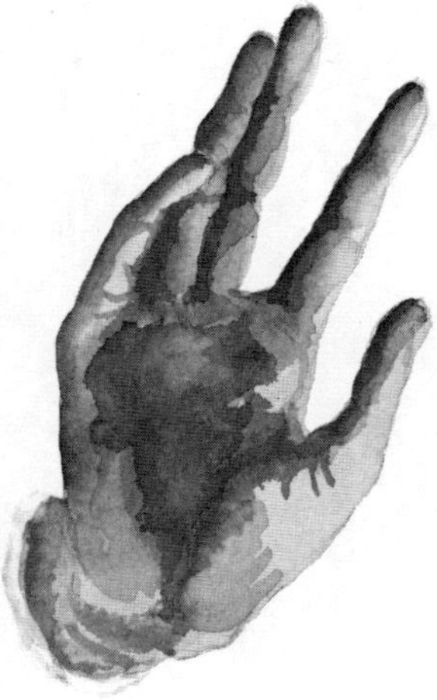

Der Sheriff

IN einer kleinen Stadt im Tessin gibt es ein Speiselokal, das den Namen eines ehemals mächtigen Mailänder Geschlechtes führt. Es ist begehrt bei den vielen Fremden, weil es gerne von den schweizitalienischen Familien aufgesucht wird, die allerdings selten einen Platz an den langen Tafeln freimachen, bevor sie unter Hinterlassung von Brotresten, abgenagten Knochen, Rotweinflecken und zerknüllten Servietten mit Lippenstiftspuren zusammen aufbrechen. Das Lokal ist ein Gewölbe mit allerhand Zubehör gepflegter Gastlichkeit an den Wänden. Mit Kupferpfannen und -stichen, und, was nur den Ortsunkundigen erstaunt, der überlebensgroßen Fotografie eines Mannes mit einem tatsächlichen blechernen Sheriffstern am karierten Hemd. Das Bild ist die Erinnerung an einen Wirt. Ein Mann mit gutem, großflächigem Gesicht, der das Lokal gründete und viele Jahre lang Abend für Abend dirigierte, ein Asconeser von Geburt, der aber Sheriff war. Niemand wußte, wer ihn dazu gemacht hatte. Er trug nur seinen Stern, ließ sich entsprechend anreden und sorgte für Ordnung und vor allem für Behaglichkeit im Raum. Denn ein guter Sheriff und ein guter Wirt haben gemeinsam, daß sie da sind, und er fehlte nie, begrüßte Gäste, nahm mit Freunden den Aperitif, brachte jemanden zur Tür, der etwa zuviel getrunken hatte und zu laut wurde, gab den Kellnern Winke und den Gästen die Sicherheit, die nicht vom Vorhandensein einer Waffe herrührt – die trug er nicht –, sondern von der zuverlässigen Gegenwart einer vertrauten Erscheinung an einem bestimmten Ort. Der Sheriff war da, wobei sich sein Dasein nicht auf die Gegenwart im Gewölbe beschränkte, sondern er war auch dann noch darinnen, wenn er sich nicht darin aufhielt, denn er war selber sein Lokal. Man sagte auch, man ginge zu ihm, wenn man jenes meinte. Über dem Gewölbe lag seine Wohnung, vielmehr seine Schlafstelle, denn nahezu alles außer schlafen tat er unten bei sich. In dieser Kammer stand neben dem Bett ein Wekker, ein blaustichiges Heiligenbild hing an der Wand, daneben das karierte Hemd, ein Haufen zerlesener Western-Hefte lag auf einem Tischchen, das war alles. Dort ruhte er, ohne daß ihm irgend etwas entgehen konnte, was drunten vor sich ging, im dunklen, stillen Gewölbe mit dem wachsamen Ticken der Thermostaten und der Glut roter Lämpchen darin, die eine rastlose selbsttätige Sorge noch im Schlaf anzeigten, denn was in einem selbst passiert, das spürt man.

So fuhr der Sheriff eines Nachts aus dem Schlaf hoch, weil sich unten etwas regte, was da nicht hingehörte. Er hätte leise ans Telefon gehen können, um die Polizei zu verständigen, aber wenn man Sheriff ist, dann sorgt man selber für Ordnung. Er schlüpfte in sein Hemd mit dem Blechstern und seine Hose und ging, so leise und schnell er konnte, die Treppe hinunter, um Licht zu machen. Es waren junge Burschen durch die Fenster eingestiegen, sie hatten es auf die Kasse und das Kupfergeschirr abgesehen und standen nun, mit noch angeknipsten Taschenlampen, in bösartiger Haltung im Raum verteilt. Als sie sahen, daß von dem Mann keine weitere Gefahr ausging, und da sie in der Überzahl waren, flohen sie nicht, sondern schlugen ihn zusammen, nachdem er sie zornig angebrüllt und einen von ihnen an der Lederjacke gefaßt und dorthin geschoben hatte, wo er hergekommen war. Dann machten sie sich mit ihrer Beute davon und ließen den Sheriff in seinem hellerleuchteten Lokal auf dem Boden liegen. Er schleppte sich stöhnend zum Telefon und wurde nach einer Weile vom Notarzt abgeholt.

Nach drei Tagen starb er in der Klinik an inneren Verletzungen. Nicht weil eines seiner Organe unheilbar verwundet worden wäre, solche Schäden trug er zwar davon, doch er hätte sie überstanden. Aber einen Sheriff schlägt man nicht, oder er ist keiner mehr.

Nach seinem Tod übernahmen die Kellner zusammen die Führung des Lokals, und es ist immer voll unter den guten und wachsamen Blicken des Sheriffs. Sie tragen Tabletts über ihren Köpfen, geben sich Zeichen, weisen Plätze an, winken, rechnen und grüßen. Keiner fehlt bis heute.

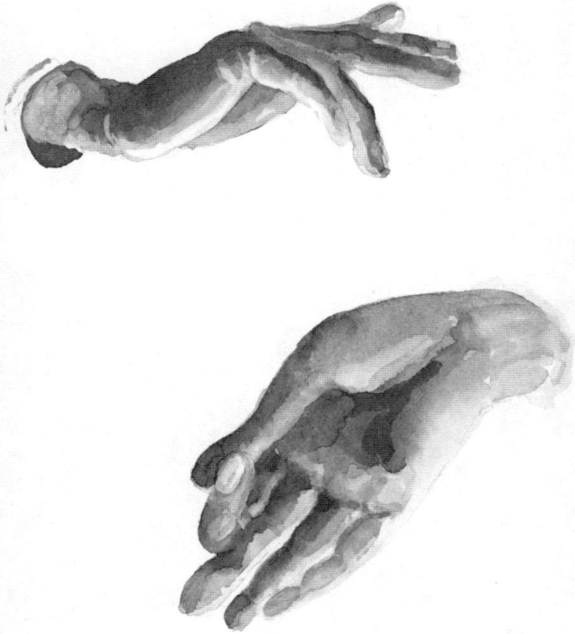

Der Diener

HEINRICH mochte das grelle Sonnenlicht nicht. Erst abends, wenn die Sonne die Welt durch Untergang von ihrem Druck befreite, wenn Landschaft und Architektur die Indezenz ihrer Farben zugunsten schattiger Dunkeltöne aufgaben und das Gewicht ihrer Körper sich auflöste in schwebende Kulissen, trat er gerne vor die Haustür, um tief durchzuatmen und etwa ein wenig spazierenzugehen. Er lebte in der Stadtmitte einer süddeutschen Universitätsstadt, in einer Anderthalb-Zimmer-Wohnung unter dem Dach, mit Blick über Dächer, Ballettrezensionen verfassend und ansonsten von einer kleinen Erbschaft lebend.

Die Behaglichkeit seines Junggesellendaseins stritt sich bisweilen mit den Ängsten der Einsamkeit, nachts vor allem, wenn er offenen Auges im Bett lag, wenn der Kühlschrankthermostat in der

Küche knackste und den Einsatz gab zu einem monotonen Surren, das irgendwann abbrach und den Lauscher hinauskatapultierte in eine Bodenlosigkeit aus Bettwärme, Müdigkeit, Öde, Schwärze und Schweigen. Er hatte seine Unfähigkeit, anders als alleine zu leben, sorgfältig erprobt, in Gesellschaft einer Doktorandin der Theaterwissenschaft, die ihre Rolle als Frau immer aufs neue sowohl reflektierte als auch inszenierte, in immer dramatischeren Szenen, bis sie schließlich die gemeinsame Wohnung zugunsten der Kellerbehausung eines jugendlichen Regieassistenten verließ.

Er hatte sich dann einer Wohngemeinschaft eingefügt, aus der ihn seine Wohngenossen mit ihren musikalischen Vorlieben vertrieben, deren Geheimhaltung an einer Art akustischer Solidarität zu scheitern schien, die auch der Grund sein mochte für die endlosen abendlichen Debatten über die Zugriffsrechte an den gemeinsamen Nahrungsvorräten, ausgetragen mit einer bemerkenswerten Unfähigkeit zur Bosheit, mit dem obligaten Lächeln der Aggressionslosigkeit und mit kategorischem Stechen der Augen.

Die Kneipen der Stadt, in denen sich jüngere Zeitgenossen unter Inkaufnahme erstaunlicher Unkosten mit lobenswerter Freiwilligkeit bei unguter Luft und ohrenbetäubendem Gesprächslärm in so ansehnlicher Menge aufhielten, daß ohnedies kaum ein Platz zu bekommen war, waren Heinrich schon seit Jahren nicht mehr vertraut. Er hörte abends Musik, führte ein paar Telefongespräche und ging zeitig schlafen. Ein Lebensstil, der freilich seine Kontakte zur Mitwelt in Mitleidenschaft zog. Immer weniger Leute grüßten auf der Straße den Junggesellen, der meistens außerhalb der Stadt sein Geld verdiente und weder der Universität noch der einheimischen Bevölkerung angehörte, anders als flüchtig, wenn auch mit einer Art interessierter Scheu vor der offenbaren Autarkie eines Menschen, der die abwägbaren Lasten der Einsamkeit allemal den unberechenbaren Lästigkeiten vorzog, die jeder menschliche Kontakt über kurz oder lang zwangsläufig nach sich zieht.

In den Restaurants, wo Heinrich seine Mahlzeiten einnahm, servierten ihm die italienischen Kellner ungefragt seinen gewohnten Wein, und die Gäste an anderen Tischen nahmen seine Gegenwart mit freundlichem Nicken zur Kenntnis, ohne sich ihm zu nähern. Die einzige Ausnahme machte ein junger Mann mit bräunlicher Haut und schwarzen Haaren, mit langsamem und nicht ganz fehlerfreiem Deutsch, jedoch mit Umgangsformen von erfrischender Höflichkeit, ein Buchhändlerlehrling aus Indien, der sich bisweilen zu Heinrich an den Tisch setzte. Er fragte ihn nach seinem Ergehen, wobei er sich einer seltenen Mischung aus warmherziger Distanz und kühler Anteilnahme bediente, was den Kritiker wohltuend aus seiner sorgfältig gehüteten Reserve locken konnte, schwieg auch wohl, verhalf aber durch sein Lächeln, begleitet von kleinen Taten wie Nachschenken etwa, dem Schweigen mühelos zu einer

Art heiterer Nobilität, entfernte sich immer diskret und nie zu spät.

Mit diesem komfortablen Wesen, dessen Rechnung er bisweilen stillschweigend mitbezahlte, fühlte sich Heinrich verbunden durch ein müheloses Einvernehmen über das Selbstverständliche im Umgang der Menschen untereinander, er sah ihn gerne, ließ sich auch einmal zu dem Inder einladen, der ihm in einem winzigen Zimmerchen auf einem Elektrokocher ein scharf gewürztes Mahl bereitete. Er war in den vergangenen Jahren noch mehr zu einem Verehrer des Diskreten, des Nicht-Peinlichen und Unauffälligen geworden, als es ihm seine Veranlagung sowieso nahelegte, eine Veranlagung, die es ihm leichtgemacht hatte, die verschiedenen Druckwellen studentischen deutschen Veränderungswillens in den sechziger und siebziger Jahren vergleichsweise unbeteiligt zu überstehen. Desto wohler fühlte er sich in Ahmeds Gegenwart, der zudem mit seinem schlanken Wuchs und dem mandelförmigen

Schnitt seiner Augen überaus wohl anzusehen war.

Bei aller Anspruchslosigkeit in äußeren Dingen überkam Heinrich in dieser Zeit doch manchmal das Bedürfnis, alle Reste studentischer Vorläufigkeit aus seinen Verhältnissen abzustreifen, der Wunsch nach mehr Bequemlichkeit und Gediegenheit, die er sich um so mehr gönnen zu dürfen glaubte, je mehr er sich durch seinen Zivilstand zum Außernormalen genötigt sah. Da trug es sich zu, daß die Mietpartei unter ihm einen Nachmieter suchte. Heinrich, der, sei es aus Rücksicht oder aus schwachen Nerven, immer pünktlich zahlte und nie laut war, bewarb sich und wurde einer Verhaltenstherapeutin, einer Wohngemeinschaft und einem kinderreichen Philosophen vorgezogen, begann auch sogleich mit der Vorbereitung seines Einzugs. Bücher und Bilder, Geräte und Garderobe sollten sich aus ihrem arg gequetschten und angestaubten Dasein befreien und im Sinne lockerer Großzügigkeit entfalten können, ganz so, wie ihr Herr sich selber zu fühlen wünschte. Ein Zimmer sollte Bibliothek werden, ein anderes Schlaf- und Ankleideraum, ein drittes Wohn- und Empfangszimmer. Und ein viertes, das sowohl vom Treppenhaus separat als auch von der Küche aus zugänglich war, dieses Zimmer sollte Ahmeds Zimmer werden. Denn ein kühner, ja anachronistischer Plan hatte sich aus Heinrichs Wachträumen immer weiter in den Vordergrund gespielt: Ahmed sollte Heinrichs Diener werden.

»Ich spiele nicht in diesem Jahrhundert!« Diesen Satz hatte er einmal beim nächtlichen Aufwachen in sich vorgefunden, als Strandgut des Halbtraumes an sein Bewußtsein angeschwemmt, so fertig, als stamme er gar nicht von ihm selber. Das mochte eine Absage sein, die er als Kind anderen Kindern erteilte, die die Idee, auch einmal in diesem Jahrhundert zu spielen, als zündend empfunden hatten. Oder er selbst und sein Leben waren ein Theaterstück aus einer vergangenen Epoche, und er mußte sich nun zur Wehr setzen gegen einen Regisseur der modischen Avantgarde, der dieses Stück mit den kläglichen Requisiten der Gegenwart ausstaffierte. Was hätte Heinrich verführen können, sein Leben anders als nach den Regeln seines persönlichen Spielfeldes einzurichten? Was hätte ihn genötigt zu Unzuverlässigkeit im menschlichen Umgang und Rüdheit im sprachlichen Ausdruck, deren sich gerade jene so gerne bedienten, die doch die Wurzeln der Lieblosigkeit in der Gesellschaft so lauthals zu bekämpfen vorgaben und allenfalls einmal das emsige Traktieren ihrer ewig ungesättigten Bedürfnis- und Anspruchswelt mit einer klobigen Interpretation von Humor und Mitleid vertauschten? Sicher, es war unsinnig, sich einen Diener zu halten, dessen Aufgabe es wäre, den Besuchern Hüte und Handschuhe abzunehmen, denn es kamen zu Heinrich keine Besucher mit Hüten und Handschuhen. Die Gegenwart eines Dieners sollte auch nicht ins Zwielicht des Theatralischen und um jeden Preis Originellen gerückt werden durch das zeitblinde Versäumnis, sich den Gegebenheiten einer demokratischen Welt zu fügen. Nein, man sollte die Gegenwart eines Dieners, wenn überhaupt, erst auf den dritten Blick bemerken.

Ahmed sollte Heinrich in den Zeiten seiner häufigen Abwesenheit am Telefon vertreten und die Aufgaben eines Privatsekretärs übernehmen, bei der Verständigung mit den verschiedenen Feuilleton-Redaktionen etwa, sollte kochen, ihn chauffieren zu den Ballett-Premieren in Frankfurt, Basel oder Kassel, sollte die kleinen Geselligkeiten, die Heinrich in den zwei Haupträumen seiner Wohnung zu arrangieren gedachte, organisatorisch betreuen. Diese zwei Räume waren übrigens durch eine Doppeltür miteinander verbunden, die von den Vormietern zum Zwecke der Herstellung souveräner Wohn-Bereiche mit Schränken verstellt gewesen war, ganz gegen die Auffassung des neuen Mieters, dessen Leben durch die Wohnung zirkulieren sollte wie Blut durch einen Körper. Er spazierte auch gerne zwischen zwei Räumen hin und her, durch eine großzügig aufgetane Passage, als ein in den Kategorien des einerseits-andrerseits wohlbewanderter Literat.

Als ein solcher hatte er auch sehr wohl die Abhängigkeit eines Herren von seinem Diener, in die er geraten konnte, mit einkalkuliert, hatte die finanzielle und existentielle Hilfe, die Ahmed durch seine neue Aufgabe zuteil würde, abgewogen gegen das kolonialistische Odium, das die Beschäftigung eines indischen Dieners mit sich brachte.

Den Ausschlag zum Entschluß, Ahmed ein entsprechendes Angebot zu machen, gab schließlich die Erinnerung an einen langgehegten Wunsch Heinrichs, nämlich selber als Diener einem Herren zugetan sein zu dürfen, ein Wunsch, dem ausschließlich die Unmöglichkeit entgegenstand, einen geeigneten Herren auch zu finden, so daß er nun sich selber als Ziel seiner Suche herzugeben beschloß.

Seine Schuhe wollte er übrigens selber putzen, und nachdem somit der Vorwurf der Erniedrigung aus der Welt war, wollte er Ahmed, unter Umgehung der Renten- und Krankenversicherung freilich, bescheiden, aber immerhin so gut bezahlen, daß er sich wesentlich besser als bislang stellte, ihm größtmögliche Freiheit gewähren, ja überhaupt, bei aller gebotenen Distanz, gleich auf gleich mit ihm verkehren, was ihm schon die dialektische Einsicht in das Herrentum eines echten Dieners nahelegte.

Ahmed zeigte sich, als Heinrich ihm seine Idee unterbreitete, keineswegs erstaunt. Er sagte zu und lächelte. Sein neuer Herr erklärte sich den spontanen Erfolg seines Zugriffes so, daß für Indien, jenen uralten und hochkultivierten Teil der Welt, das Dienen als Daseinsform eben noch selbstverständlich war, anders als für einen westlichen Industriestaat, der mit der mißverstandenen Idee der Gleichheit aller Menschen den Wunsch nach Herrschaft über andere verdrängte und, seltsam pervertiert, von hinten wieder einließ, indem er Untergebene in Mitarbeiter umbenannte und eben durch solche Scheinaktivitäten dem darwinistischen Erniedrigungs- und Erhöhungsgerangel Vorschub leistete, das die öffentliche Luft im Lande für einen Ästheten wie Heinrich so ungenießbar machte.

Ahmeds Buchhändlerausbildung war zum einen bald abgeschlossen, zum anderen hatte sie ohnedies eher dazu gedient, ihm den Status eines Studierenden samt Aufenthaltsbewilligung zu verschaffen, als daß er ernsthaft den Beruf eines Buchhändlers angestrebt hätte. So bezog er das ihm zugedachte Zimmer, um von hier aus Heinrichs neue Räume gestalten zu helfen.

Zunächst wurde die große Flügeltür von der barbarischen Nacktheit befreit, die von den Vorbewohnern in vielen Stunden ehrenamtlichen Einsatzes durch Ablaugen hergestellt worden war. Die frierende Blöße des rohen Holzes war bald, nach sorgfältiger Grundierung, in ein wohltuendes Elfenbeinweiß mit mattem Seidenglanz getaucht.

Die Zusammenarbeit gedieh nach Wunsch, zumal Heinrich nach Fertigstellung seiner eigenen Wohnung auch das Zimmer seines Dieners nach dessen Wünschen, wenn auch nicht ganz nach seinem eigenen Geschmack, wohnlich zu machen geholfen hatte.

Der Tonfall, in dem der Inder von einem Anrufer und seinen Wünschen berichtete, konnte diskret abraten, diesen Wünschen nachzukommen. Er war gegenwärtig, ohne sich einzumischen, er zog sich lächelnd zurück, wenn Besucher ihre Neugierde nach seiner Her- und Zukunft stillen wollten, um den Sinn seiner Gegenwart zu ergründen. Er besuchte die Fahrschule, deren Kosten Heinrich selbstverständlich übernahm.

Die beiden tauchten nun häufiger zusammen im Stadtbild auf, an den Mittagstischen, zu Theater- und Kinovorstellungen, und es wurde ihnen viel Wohlwollen entgegengebracht von Leuten, die sich ihre Toleranz und Aufgeschlossenheit wohlig bestätigten bei der Entdeckung, daß Heinrich sich nun endlich offen zu seiner Neigung zum eigenen Geschlecht bekannte, wo man die Ursache für sein sonderbares Wesen seit langem geahnt hatte. Sich etwas nicht erklären zu können und diese Nebelstelle im ansonsten aufgeklärten Weltbild zu dulden, war für Heinrichs intellektuellen Bekanntenkreis wesentlich weniger erträglich als die Zuordnung zu einer ausschließlich erotisch definierten Bevölkerungsgruppe, deren humorvolle Duldung und Befürwortung als beliebtes Kontrastmittel zum ungebildeten Rest der Bevölkerung diente.

Heinrich zeigte sich nun tatsächlich zugänglicher und aufgeschlossener, teils aus Vergnügen daran, daß sich die Welt einen Reim auf ihn gemacht, den er selber ihr nahegelegt hatte, teils aus Genuß an dem Gefühl der Superiorität über die intellektuelle Gewöhnlichkeit, der die Männerliebe normal, die Beschäftigung eines Dieners aber nachgerade als obszön erscheinen mußte und damit freilich als beneidenswert.

Als erster bemerkte den Diener Ahmed ein

Mensch, dessen Bedürfnis nach Herrentum sich in weniger feinfühligen Bahnen bewegte. Ein Bekannter Heinrichs, ein Oberarzt und Anästhesist, ein Sportwagenfahrer von einer gewissen erfrischenden Lautheit, der Heinrichs Nähe suchte und ihn bisweilen zu seinen Premieren begleitete, zog eines Tages, als er schon halb zur Tür hinaus und noch einmal umgekehrt war, einen Brief aus der Tasche. Mit einem Fünfmarkstück und der Bitte um Besorgung bei der Post wollte er ihn Ahmed überreichen, der aber nur mit einem verständnislosen Lächeln dastand und keinen Finger rührte, bis Heinrich die Situation rettete, Brief und Geld mit der falschen Erklärung, ohnedies zur Post zu müssen, an sich nahm, dem Arzt den überzähligen Betrag zusteckte und ihn zur Tür geleitete.

Heinrichs Gleichgültigkeit gegen alles, was er mit einem größeren Teil der Bevölkerung hätte teilen müssen, hatte eine Lücke, und zwar an höchst empfindlicher Stelle: Seine Vorstellungen von

Schönheit und Weiblichkeit hatte er mit schmerzlich vielen, auch jüngeren Männern gemeinsam, die ihm durch sonst überhaupt nichts verbunden waren und deren Gegenwart im Hintergrund ihm beinahe weniger erträglich schien als der Verzicht auf Kontakt und Betätigung auf dem Felde der Erotik. Zum Trost legte sich Heinrich die Erklärung zurecht, daß es ja um Körperteile ging, die keineswegs durch seltenes Auftreten vor anderen ausgezeichnet waren, ein Mangel, den Gesellschaft und Natur durch wirkungsvolles Verstecken etwas über das Notwendige hinaus ausglichen, um ihre Spieldose von Werbung und Weigerung, Stolz, Triumph, Kränkung und Verzeihung nur ja immer gut aufgezogen zu halten. Nun war die Scheu der erwünschten Wesen für ihn beträchtlich viel schwerer zu überwinden als für seine Konkurrenten, deren Dasein und Aufgabe in der Welt so viel begreiflicher und vertrauenswürdiger schien als die eines ästhetisch-literarischen Außenseiters.

In Ausnahmefällen machte die Bewunderung

für ihn das Mißtrauen wett, und so war es namentlich die Kontoristin eines pakistanischen Teppich-Importgeschäftes, die er in gewissen Abständen an ihrem Arbeitsplatz anrief, um sich mit ihr zu verabreden. Er hatte sie an der Volkshochschule kennengelernt, wo er seinerzeit einen Workshop über das Ballett in der Malerei geleitet hatte und wo sie nun einen Kurs in Philosophie besuchte, um sich vielleicht später, unter Beschreiten des zweiten Bildungsweges, dieser Disziplin an der Universität ganz zu widmen. Manchmal verließ sie Heinrichs Wohnung erst morgens, um direkt zur Arbeit zu gehen, ein Mädchen aus ländlich-kleinbürgerlichen Verhältnissen mit großer Frische und Sinnlichkeit der körperlichen Ausstrahlung, die sie wohltuend abhob vom Heer der Studentinnen, das sonst das Straßenbild der Stadt dominierte.

Ahmed, wenn alle drei einmal zusammentrafen, bewies verständnisvolle Diskretion. Nur in ganz seltenen Momenten wollte es scheinen, als verwandle sich die Neutralität seines dienenden

Lächelns in einen unwillkürlichen Anflug von Überlegenheit über seinen Herrn, Momente, die Heinrich eine Art seelischer Zahnschmerzen bereiteten, als wäre hier eine faule Stelle des gesamten menschlichen Arrangements in seiner Umgebung.

Nicht daß Ahmed von dem Bedürfnis getrieben gewesen wäre, seinen Herrn zu demütigen und ihn etwa mit seiner Geliebten zu hintergehen. Nein, er war wirklich frei von aller Servilität. Vielleicht war es das absehbare Ende des Liebes- und des Dienerverhältnisses, das dem Diener, nicht aber seinem Herrn bewußt war, der sich im Kopf jeweils ein Gleichgewicht der wechselseitigen Interessen zurechtgelegt hatte, das realeren Belastungen nicht anders als vorübergehend standhalten konnte. Dabei war einstweilen weder hier noch dort irgendeine Trübung zu beobachten. Ramona, die Kontoristin, ging fröhlich grüßend ein und aus, ihr Freund, der eine Einführung in die Hintergründe und Zusammenhänge des abendländischen Denkens für eine keineswegs geringe Gegengabe für die Segnungen der Natur erachtete, erklärte ihr den kantischen Begriff des interesselosen Wohlgefallens in kerzenbeschienenen Nachtstunden, wenn sie ihm, nur in einen seidenen chinesischen Mantel gehüllt, aufmerksam lauschend gegenübersaß. Ahmed brachte am folgenden Morgen, etwa zwei Stunden nach ihrem geräuschlosen Abschied lächelnd den Tee.

An einem solchen Morgen verabschiedete er sich einmal selber für zwei Stunden, um einen dringenden Gang auf Ämter zu machen, was Heinrich mit kurzem und freundlichem Nicken zur Kenntnis nahm. Nachmittags kam ein Telefonanruf, von einer älteren weiblichen Stimme, in gebrochenem Englisch und von sehr weit her, die nach Ahmed verlangte. Der sprach leise, eindringlich und lange ein exotisches Idiom in die Muschel, bis er einhängte und durch eine Entschuldigung zu verstehen gab, daß er es keineswegs für selbstverständlich erachtete, das Telefon seines Herren benutzen zu dürfen. Beruhigend für Heinrich, der sich am nächsten Tag dem skurrilen Amtsdeutsch eines »Antrags zur befristeten Aufenthaltsgenehmigung« gegenübersah, den er bereitwillig half, mit auszufüllen. Er galt der Mutter seines Dieners.

Sie stand zwei Wochen später am Frankfurter Flughafen, klein und verschreckt, mit bunten Tüchern um das faltige Gesicht, hinter einer riesigen Sonnenbrille mit himbeerrotem Gestell. Heinrich trug einen ihrer Koffer zu seinem Auto, dessen Schlüssel Ahmed, der die Prüfungen bestanden hatte, schon übernommen hatte, und er hätte gegen sich selber verstoßen, hätte er die alte Frau nicht vorne sitzen lassen, und so saß er nun im Fond seines eigenen Autos, als die Mutter seines Dieners mit einem kleinen Laut der Zufriedenheit auf den Beifahrersitz schlüpfte. Zu Hause bekam sie Ahmeds Bett, um sich von der Reise zu erholen, und sie blieb über Nacht, Ahmed hatte der Form halber angefragt. Sie war nun da und blieb es auch, ein dauerhaftes Denkmal des Vorübergehenden, denn Heinrich bedeutete seinem Diener immer häufiger, daß seine Mutter nun bald eine eigene Wohnung bekommen müsse, was dieser jeweils lächelnd bestätigte, ohne aber Anstalten dazu zu machen, fehlte ihm doch nicht nur die Wohnung, sondern auch das Geld, sie zu bezahlen.

Die fremde Frau versuchte sich so unfühlbar und nützlich wie möglich zu machen. Nachts huschte sie als Schatten durch die Wohnung, von der Toilette kommend, die Heinrich gerade aufsuchen wollte, tags übersäte sie die Küche mit Eierschalen, bei der Herstellung eines heimatlichen Gerichtes, das sie beiden servierte. Sie blieb in der Küche, setzte sich erst auf eindringliche Bitten mit an den Tisch, wo sich Heinrich der Öffentlichkeit und des Wohlbehagens seiner Restaurant-Mahlzeiten durch eine unechte familiäre Situation beraubt fand, eine Nudelsuppe mit Hühnerfleisch lobte und sich bald alleine entfernte.

Ahmed tat ja nichts anderes, als die Festigkeit der orientalischen Familienbindungen eindrucksvoll zu belegen, ein weiteres Glanzlicht auf

Eigenschaften seines Charakters, die ihn auch als Diener hoch qualifizierten! Heinrich wollte die Mutter in Kontakt mit indischen Landsleuten bringen, die doch zuständiger waren für sie, um seine Wohnung und Situation vielleicht auf diesem Wege von ihrer Gegenwart zu entlasten. Denn wieviel Herzlosigkeit hätte er aufbringen müssen, um eine Mutter gewaltsam von ihrem Sohn zu trennen! Und Herzlosigkeit war eine Haltung, der Heinrich nicht nur wegen ihrer inhumanen Folgen, sondern vor allem auch wegen ihrer ästhetischen Mangelhaftigkeit äußerst mißtrauisch gegenüberstand. Ganz abgesehen davon, daß er riskiert hätte, seinen Diener zu verlieren, hätte er dessen Mutter abrupt das Haus verboten, war wohl Ahmed auch das einzige, was der alternden Frau an Liebem auf der Welt geblieben war, so jedenfalls vermutete sein Herr.

Zu Unrecht, denn Ahmed hatte noch einen Bruder. Osman war etwas jünger als Ahmed, ein hübscher Lederjackenträger, der aus Frankfurt kam, sich in verschiedenen Ausbildungsberufen versucht hatte und an verschiedenen Plätzen sein Nachtlager suchte, ab und zu mit Tabletten handelte und laute Musik liebte. Er stand, an den Kühlschrank gelehnt und rauchend in Heinrichs Küche, als der gerade aus Amsterdam zurückkehrte, und begrüßte ihn mit einer tiefen theatralischen Verbeugung, worauf er drucklos die Hand gab. Sein Lächeln hierbei war zwischen Unsicherheit und Unverfrorenheit schwer einzuordnen. Er zog sich in das Zimmer seines Bruders und seiner Mutter zurück, von wo von nun an in Zeiten seiner Anwesenheit widerwillig gedämpfte rhythmische Musik in Wohnung und Treppenhaus quoll und Heinrich das gegenwärtige Jahrhundert schmerzlich ins Gedächtnis schrieb. Diese dreist daherstampfende Dummheit aus elektrischem Schlagzeug und Baß, die wimmernden Vibrati der Gitarren, die protzige Einfalt der Harmonien, der triefende oder auch schrille Gesang, der rückhaltlos alles ausschüttete, was dadurch nicht besser wurde – all das verschmolz zur ewigen Liturgie eines Kleinhirngottesdienstes zu

Ehren des Geistes einer Zeit, die es einem kultivierten Privatmann doch noch immer gestattet hatte, sie zu ignorieren und nicht anders als unverständlich und befremdlich zu finden. Am schlimmsten war, daß Ahmed die Vorliebe seines Bruders für solche Musik zu teilen schien. Er war es allerdings auch, der sie sofort leiser stellte oder ganz ausmachte, wenn Heinrich von der Universitätsbibliothek oder vom Schreibwarenladen nach Hause kam. Als käme ein Kranker, dem man normale akustische Nahrung nicht zumuten könne, diese scharfe Soße, ohne die dem Volk die Gegenwart trocken im Halse steckenbleibt, wie Heinrich herausgefunden hatte.

Er kaufte eine Scheußlichkeit mit Miniaturbatterie, ein ohrenschützerhaftes Gerät zum Schutze der Ohren dessen, der es gerade nicht trug, er kaufte einen »Walkman«, den er Osman überreichte. Der nahm das Geschenk, das ihn doch in die Schranken weisen sollte, mit einem Grinsen entgegen. Es war dann einmal bei einer gemeinsamen Autofahrt, daß aus den Ritzen zwischen

Osmans Ohren und den Kopfhörermuscheln etwas herausdrang wie zischende Spritzer aus der schwappenden Woge gegenwärtigen jugendlichen Lebensgefühls, so stark, daß die Ohren es nur unvollkommen absaugen konnten und den Rest der Umwelt zugute kommen lassen mußten, grelle Lichtstrahlen in die samtige Dunkelheit des Schweigens, das Heinrichs akustische Heimat bildete. Er hätte um ein Haar die Contenance verloren, bat aber ganz ruhig, das Gerät leiser zu stellen, was erst verstanden wurde, als Osman eines seiner Ohren gelüftet hatte, um eine lauthals triumphierende Disharmonie freizugeben.

Der Heimgesuchte ertappte sich bei seinen Gängen durch die Stadt immer häufiger bei Monologen, imaginären Schimpfreden, mit denen er gegen die Fremdkörper in seiner Wohnung anrannte. Er wies sich aber in die Schranken. Ausländerfeindlichkeit gehörte für ihn in eine Welt, die ihm noch fremder war als ein Walkman, eine Welt aus schmalkrempigen Hüten, eichenen Schlafzimmergarnituren, Mallorca-Urlauben,

Schrebergärten, Herrenwitzen und Pilsbars, mit deren Wortschatz er sich nun plötzlich zu seinem Schrecken selber überraschte.

Ahmed besorgte seine Aufgaben nach wie vor zuverlässig und pünktlich, wenn es auch immer häufiger vorkam, daß er in den Pausen dazwischen nicht zur Verfügung stand, weil er mit Mutter oder Bruder und deren Angelegenheiten beschäftigt war, daß er fragte, ob er gehen könne und wann er wieder gebraucht würde und wofür. So zwang er seinen Herrn, sich auf ihn einzustellen, ohne daß ihm eine Verletzung seiner Pflichten nachzuweisen gewesen wäre. Zur Verfügung zu stehen und zu warten, diese Tugend der Wachsamkeit war ihm abhanden gekommen, wie einem Kellner, der sich rauchend in ein Buch vertieft, weil im Gastraum keine offenkundigen Wünsche anstehen.

Das Haus, das Heinrich und seine Besucher beherbergte, gehörte einer Erbengemeinschaft, aus der niemand selber darin wohnte, niemand kümmerte sich um Absonderlichheiten, sofern sie im Rahmen blieben, und Curryduft und Rockmusik paßten durchaus in den Rahmen. Die indische Familie wurde sogar eingeladen, von einer Wohngemeinschaft im Parterre, und Heinrich hörte das Gelächter der Gesellschaft, als er daran vorbeiging, glaubte auch davor seinen Namen gehört zu haben, was er gleich wieder als Täuschung verwarf. Er war nicht eingeladen worden, was er wohl auch abgelehnt hätte, aber schließlich war er es doch, dem die Eingeladenen ihre Anwesenheit verdankten und der sie letzten Endes finanzierte. Das hielt er sich zugute, wenn er sich auch durch diese Anwesenheiten zutiefst gestört und irritiert fühlte. Osman hatte ihn mit solchem Widerwillen um die Benützung seines Telefons gebeten, hatte ihm so deutlich die Lästigkeit zu fühlen gegeben, die er, Heinrich, für ihn, den Nutznießer, bedeutete, daß Heinrich sich in seine Dachkammer zurücksehnte, die freilich inzwischen vermietet war. Und zur höchsten Indignation des Großzügigen, der seine kleinlichen Anwandlungen mit vernünftigen Erwägungen bekämpfte, stellten die Beschenkten Forderungen, wie etwa die nach eigenen Schlüsseln, mehr Platz in der Wohnung und gelegentlicher Autobenutzung.

Heinrich wollte sich nun keineswegs zwingen lassen, die erwarteten Herrenmanieren, den Rausschmiß also, pflichtschuldigst nachzuliefern. Er plante, selber auszuziehen, eines der Zimmer als Magazin für sich zu behalten und dafür die Hälfte der Gesamtmiete zu übernehmen, um sich auf diesem Wege als Gentleman einer Situation zu entledigen, an der schließlich nicht die schlechteste seiner Eigenschaften schuld war. Da wurde er krank. Mit Fieber, Kopfweh und geschwollenen Stellen am Hals lag er in Kleidern unter Wolldekken auf seinem Sofa mit den verschossenen Farben eines afghanischen Kelimteppichs in seiner Bibliothek, ließ sich Orangen auspressen und bat zum ersten Mal, die Musik in der Küche nicht nur leiser zu stellen, sondern ganz auszumachen, was lächelnd ausgeführt wurde.

In der Sprechstunde der Universitäts-Poliklinik

wurde »Pfeiffersches Drüsenfieber« diagnostiziert, dessen Harmlosigkeit die behandelnde Ärztin mit einem Anflug mütterlicher Amüsiertheit im Gesicht bestätigte. Der Erreger werde durch Küsse übertragen, eine Pubertätskrankheit eigentlich, die sich von Schulen und Jugendzentren aus verbreite und nach ein paar Tagen abklinge.

Schlaflos, in seinem russischgrünen Morgenmantel, stand Heinrich in der folgenden Nacht am Küchenfenster. Er war aus seinem seichten Fieberschlaf geweckt worden durch einen wirren Traum, in dem der jugendliche Osman auf allen vieren an das Lager, das Heinrich mit seiner Geliebten teilte, gekrochen kam, um seine unverschämte Hand in das Warme unter der Decke auszustrecken. Durch die unbehagliche Kälte, die durch die Öffnung einströmte, war Heinrich aufgewacht. Er lag alleine im Finstern, nur seine Decke war verrutscht, im Zimmer der Inder schien alles ruhig, auch Osman war schon seit Tagen nicht mehr aufgetaucht.

Aber ein Blinklicht im Hinterhof erregte die

Aufmerksamkeit des Kranken, als er gerade noch über seine Infektion und ihre Ursache nachdachte, bei der doch nur eine einzige Quelle in Frage kam. Es war das trübe Licht einer Taschenlampe, die aus- und angeknipst wurde zu unregelmäßigen Blinksignalen, die sich allmählich in Richtung der Hofeinfahrt entfernten. Jemand schien einem Eingeweihten Entwarnung oder Gefahr zu signalisieren. Im frühen Morgengrauen des nächsten Tages, an genau den gleichen Stellen und zur selben Stunde, kamen die Blinkzeichen wieder.

Heinrich war inzwischen weniger durch die abklingende Infektion als durch Zustände der Angst und Unruhe, die ihn nachts überkamen, am Schlafen gehindert. Ramona, wenn er sie tags anrief, weit entfernt davon, sie wissen zu lassen, daß er sie brauche, erklärte sich verhindert durch die Vorbereitungen des Philosophie-Abschlußzertifikates, das die Volkshochschule zum Lohn für regelmäßige Teilnahme ausgesetzt hatte. Und Ahmed hatte gebeten, sich ausnahmsweise durch seinen Bruder vertreten lassen zu dürfen, der regelmäßig ein paar ironische Laufschritte einlegte, wenn er sich Heinrich näherte.

Dem brachte es zwar kein Licht ins Gemüt, wenn Taschenlampen im Hof aus- und angeknipst wurden, es weckte aber zum Trost seinen kriminalistischen Scharfsinn. Auf einem Küchenbalkon in der Nachbarschaft hatte er den stummen Korrespondenten gefunden, der die Signale mit einem gleichen Code zu beantworten schien. Ein Zusammenhang mit Osmans undurchsichtigen Machenschaften tat sich auf und damit eine kleine Hoffnung, sich seiner zu entledigen. Heinrich richtete eine genaue Beschreibung der Vorgänge mit Bitte um Aufklärung an die Polizei.

Länger als gewohnt schlief er in diesen Tagen in den Morgen hinein, ließ sich von Ahmed den Tee ans Bett bringen und begab sich dann an eine zerstreuende Lektüre.

Es waren die Werke zweier keineswegs erfolgloser Zeitgenossen, die er quasi promiscue durcheinander las. Sowohl Ramonas Abwesenheit als auch eine durch den fiebrigen Infekt brisant in ihm hochzüngelnde Sinnlichkeit legten ihm die erotische Thematik dieser Herren nahe, wobei das Gefühl ästhetischer Überlegenheit den eigentlichen Genuß beim Lesen ergab, zusammen mit der Freude an der Überwindung einer Art permanenten dégouts vor dieser Art literarischer Exhibition. Der wohlverkäufliche Mangel an männlicher Zurückhaltung bezog sich auf das Eingeständnis erotischer Wachheit im Verein mit schinkenpatschender Verniedlichung der Sexualität, biertresenseligen Erfolgsbekenntnissen samt koketten Reflexionen über die geschwundene Jugend der Autoren, spätstudentischem Seelensud mit Durchblick auf abendländische Bildungsinhalte, alles durchmischt mit dem ironischen Ausdruck selbstbetroffener Tourismusverachtung.

Heinrich legte bisweilen das Buch von sich, um amüsiert die Stuckverzierung seiner Zimmerdecke zu betrachten.

In einem solchen Moment trat eines Mittags

Ahmed ein, um mitzuteilen, seine Mutter habe Unterkunft bei Freunden gefunden und sei ausgezogen. Dies war völlig unbemerkt geschehen und ohne daß die stillschweigende Selbstverständlichkeit, mit der sie sich einquartiert hatte, getrübt worden wäre durch ein Wort des Dankes, das dem Gastgeber seine eigene Großzügigkeit gleichsam im nachhinein verständlich gemacht hätte. Dazu kam das Unbegreifliche, daß Heinrich den Auszug der verschüchterten kleinen Frau plötzlich als Verlust empfand. Vielleicht, weil er die Befreiung einer weiteren Eigenmächtigkeit und nicht seiner Selbstbehauptung verdankte, mehr noch aber, weil nun unter der ganzen Lästigkeit der Eindringlinge plötzlich eine Art Wärme zum Vorschein kam, die ihre Gegenwart eben auch bedeutet hatte. Auch der Entzug des lebensnotwendigen Gefühls, gebraucht zu werden, machte sich unangenehm bemerkbar und fand sich ersetzt durch die schnöde Entdeckung, gebraucht worden zu sein.

Nichts von alledem war Heinrich anzumerken,

als er die Nachricht entgegennahm. Er nickte freundlich, fand es besser so für alle Beteiligten und bat um frischen Tee, der nach einer Weile mit der alten, vertrauten, distanzierten Höflichkeit serviert wurde.

Überhaupt schien sich alles wieder in die alten Geleise zu lenken. Die beiden hatten nun die Wohnung wieder für sich alleine, Osman, in den seltenen Fällen, wo er kam, vermied jede Begegnung mit Heinrich, der seiner Küche durch reichliches Lüften das Aroma von Curry und preiswertem Zigarettentabak wieder zu nehmen versuchte.

Allein die Reibungslosigkeit im Zusammenleben mit Ramona brauchte wiederhergestellt zu werden, um dem Junggesellen die melancholischen Gedanken zu verscheuchen, die ihm einreden wollten, die Turbulenzen seines eigenwilligen Daseins seien anders als vorübergehend gewesen.

Da brachte Ahmed einen Brief von ihr, dessen Umschlag, violett auf grau, mit dem filigranen

Astwerk eines entlaubten Baumes geschmückt war und dessen Inneres, in den kugeligen Schwüngen, die naiven Handschriften eigen sind, den Wunsch enthielt, Heinrich bald zu sehen.

Er richtete ein Abendessen mit Wein und Kerzen, zu dem die Geliebte sich auch pünktlich einstellte. Die Frische eines Vorfrühlingstages war in ihrem Mantel und wehte herein mit dem Duft einer neuen Frisur um das Strahlen ihrer Augen, unter dem sie Heinrich ein Plüschtier mit überhöhtem Stirnschädel zur Betonung von dessen Kindlichkeit als Gastgeschenk überreichte, »zum Kuscheln«, wie sie sagte, und, wie er wohl ahnte, als tröstende Entschädigung. Kaum sitzend, mit einem Glas Sherry in der Hand, gab Ramona ihre Verlobung mit Osman bekannt. Bei der Suppe, die von Ahmed aufgetragen wurde, erfuhr Heinrich, daß es sich hierbei nicht eigentlich um eine Trennung von ihm handeln sollte, sondern daß Ramona vielmehr gut Freund mit ihm bleiben wolle, daß sie ja unheimlich viel von ihm gehabt habe, daß sie es echt stark finde, wie er sich um

Ahmeds Familie gekümmert habe, daß doch eigentlich alle ganz toll zusammenpaßten und daß er auch zur Hochzeit eingeladen sei, wo auch ihre Eltern sich freuen würden, ihn kennenzulernen.

Am nächsten Morgen brachte Ahmed einen Brief von der Polizeibehörde, die mitteilte, daß die Blinkzeichen im Hof des bezeichneten Anwesens nicht im Zusammenhang mit strafbaren Handlungen stünden. Aus der Lektüre ergab sich, daß sich da ein altes Rentnerehepaar regelmäßig einen frühmorgendlichen Abschied zublinkte. Der Mann hatte einen Nebenverdienst bei der Wach- und Schließgesellschaft, und seine Frau, die mit ihm aufstand, um ihm das Frühstück zu richten, winkte ihm mit der Taschenlampe nach, als wäre es der Abschied vor einem Geheimkommando mit ungewisser Wiederkehr. Der Brief endete mit der Hoffnung, daß die Angelegenheit für Heinrich damit erledigt sei.

Am Hochzeitstag verabschiedete sich Heinrich noch vor dem Mittagessen, das die deutsche und die indische Mutter gemeinsam in der Küche einer Neubauwohnung über einem dörflichen Supermarkt bereiteten, von Kerzen, Sekt und Donauwalzer. Ramona hatte ihr Geschenk, ein in hellblaues Seidenpapier geschlagenes populärphilosophisches Werk, mit dem gebührenden Ausdruck freudiger Überraschung entgegengenommen. Durch die Wohnungstür hinter sich hörte er noch das rasch aufblendende Geräusch wiederbelebter Heiterkeit, als Ahmed ihm nachkam, um vom Kühler seines Autos das Blumenbukett zu entfernen, das er dort mit Tesafilm befestigt hatte, für die Fahrt zum Standesamt. Während dies geschah, erklärte er mit leiser Stimme, daß er nun eine andere Arbeit gefunden habe, und nannte den Namen einer amerikanischen Firma, die eßwilliges und eiliges Publikum mit würzigem Hackfleisch bediente, das zum Anfassen mit zwei weißlichen Semmelhälften und zur Zierde mit einem grünen Salatblatt versehen war. Dort wolle er sein Geld verdienen, wolle das Abendgymnasium besuchen, um später Medizin zu studieren. Heinrich versprach, beim Umzug der kleinen Habe zu helfen, denn Ahmed hatte bei seinem Bruder und dessen Schwiegereltern Unterkunft gefunden.

Ramona kam, um Heinrich ein Sortiment provisorisch verpackter festlicher Tortenstücke und einen der vielen Blumensträuße mit auf den Heimweg zu geben, und versprach, bald zu schreiben. Zwei Küsse auf die Wangen der Braut und ein Händedruck mit dem lächelnden Ahmed waren das Ende von Heinrichs Ausflug. Im Rückspiegel sah er beide noch winken, Ramona mit schiefgehaltenem Kopf, bis beide in der nächsten Kurve aus dem Blickwinkel ausscherten.

DELIKATES FÜR
DANDIES UND DIENER

WOLFGANG HILDESHEIMER
DER DRACHENTHRON
KOMÖDIE IN DREI AKTEN

FLANN O'BRIEN
TROST UND RAT
GESCHICHTEN UND GEDANKEN.
AUSGESUCHT UND ÜBERSETZT VON HARRY ROWOHLT

SAKI
DER ALMANACH
SECHS GESCHICHTEN. DEUTSCH VON CLAUS SPRICK

JAMES A. WHISTLER
DIE FEINE ART, SICH FEINDE ZU MACHEN
MIT DEN EINWÄNDEN VON OSCAR WILDE
UND G. K. CHESTERTON.
DEUTSCH VON FRITZ SENN

OSCAR WILDE
EIN IDEALER EHEMANN
KOMÖDIE IN VIER AKTEN.
DEUTSCH VON HANS WOLLSCHLÄGER